U0053934

淨土生活的示現

——依於《無量壽經》

立於當下的境界之中，
而能時時回歸於自我的清淨本心，
是於每個境界當中皆能作得了主，
能不被境界所轉，
此謂之是真修行。

胡順萍——著

序 言

佛聖之道的引領方向，主要在於能實證力行，若依佛法而論，最基礎的就是五戒、十善的持守，亦可言：斷惡、修善是佛法的根本核心，當能如是力行之時，則必須再往「自淨其意」以求究竟圓滿。簡言之，佛門的法義內容，其終究目的在離苦得樂，以是，知識的多寡與清淨心的證得無有必然之關係，若能去除我、法二執，即可得證清淨本心，此中的關鍵就在捨妄，若能捨妄則可顯真，此兩者是一非二。

於佛門而言，所謂的修行，是立於當下的境界之中，而能時時回歸於自我的清淨本心，是於每個境界當中皆能作得了主，能不被境界所轉，此謂之是真修行，故修行是在日常生活的應對進退之中以見得功夫。於淨土宗的修行方式，是仰仗佛的願力，學人以持念佛名聖號，依此將妄心去除以回歸本心，如是的修行方式，無有時、空間的限制，更不需任何的儀規，亦無有知識與能力等的要求，且可以時時、處處皆不間斷地修行，誠可謂是廣被天下人。

本書特依淨土宗所奉持的《無量壽經》為主述，且將陳述重心置於日常生活的力行實證上，以提供學人於法義內容的信解時，能回歸於自我本心的護念上，若能於學人有所助益一二，則是為所樂見。

目 次

一、法會聖眾:「信、聞、時、主、處、眾」六成就的殊勝緣聚

由「如是我聞」而開啟法義的序幕

「如是我聞，一時，佛在王舍城，耆闍崛山中。」

佛法是否得以永續傳衍於後世，此中有一重要關鍵，就是對於經文的確認。釋尊是創法者，在其入滅之後，依於當時的環境條件之下，是經由五百羅漢弟子唱誦確認以結集而成，如是的過程即是對釋尊法義內容的認定，也為後世在法義傳承上建立可信的依據。

凡有心修習佛聖之學，其起首就在一「信」字，「如是」即代表「信成就」;「我聞」即是「聞成就」;「一時」是「時成就」;「佛」是「主成就」;而「王舍城，耆闍崛山」是「處成就」。對於佛法而言，經文的起首「如是我聞」正是對於釋尊教法的一種肯認。自有人類以來，所有的佛聖大哲，其所用心之處皆是想為一切人事物尋求最具價值意義的處理態度與方法，於是產生各種學說與傳承的不同派別，在不同的時空因緣之下，其所建立的理念，如何得以傳衍於將來，此於創法者與傳承者而言，皆可謂是重中之重的大事。

在釋尊的時代，五百羅漢弟子是最常隨於佛的左右，是依於僧團過著出家的生活，其所觀見與所聽聞，無非是最貼近於釋尊的生命與

生活。對於後世學人而言，在覽閱經文的每個當下，且在「如是我聞」的確認之下，就彷佛是親臨現場，直接參與其中而成為一分子。

與會大家所具有的影響力

「與大比丘眾，萬二千人俱。」

對於一場法會的成就，其中必須會聚眾因緣而成，除「信、聞、時、主、處」的成就之外，尚須有「眾成就」，惟當此六成就全然到位，才可謂是法會因緣的正式起始。惟對於一位傳法者而言，如何會聚聽眾，又如何以契理、契機的演說，得令聽聞者能法喜充滿，不但法義能入心，且在不間斷地接觸熏染之中，能持續保有於信與解的不退轉，才是傳法者所關懷之所在。

釋尊在當是時的環境背景之下，隨其修行的弟子，大約可分為四大類：出家眾的比丘、比丘尼，與在家眾的優婆塞、優婆夷。然不論是出家眾或在家眾，除各有其因緣之外，惟對於一般的大眾而言，若觀得參與其間的眾學人們，自有其不凡的人品素質，於視、聽、言、動之間皆具威儀，如是所具有的攝受力，實然是有其一定的重量。

整個法界本是一個大生命體，各生物之間，本是彼此互為影響，故凡有心參與任何殊勝因緣的聚會者，在看似個人甚為微小的舉動，乃至心念的起動間，實然皆是在影響著所有的與會大眾。至此，或許更能體會：於佛法的經文起始，總會先描繪時、地、與會大眾的莊嚴殊勝等。因此，即或於經文大義尚無法明悟之前，如何先做一位好的影響眾，除可與大眾廣結善緣外，於己亦可增長定力與智慧。

❀ 仿效學習一切大聖的德性風範

「一切大聖，神通已達。其名曰：尊者憍陳如、尊者舍利弗、尊者大目犍連、尊者迦葉、尊者阿難等，而為上首。」

對於世間或出世間而言，最難能可貴的無過於可以隨時聽聞正法。尤其是處於甚為複雜的人事環境裡，唯有在正法時刻的引導之下，或許才得以免於造成更多的錯誤與結怨的可能。

更幸運的是：若能得與神通已達的一切大聖同在一會、同聞法義，此於一般大眾而言，無疑更是難能可貴，亦可謂是：百千萬劫難遭遇。在所有與會的聲聞弟子中，又特別標名如：第一得度的尊者憍陳如、智慧第一的尊者舍利弗、神通第一的尊者大目犍連、宗門初祖的尊者迦葉，以及啟教宗師的尊者阿難等，如是的描繪，除在呈顯殊勝盛會的難得之外，實然更要大眾能仿效學習大聖們的行誼風範，以利益人天為職責本分。

且觀能在青史留名者，此中實然無關其是否富有，亦或是具有權勢、名位、能力與學識等，人們所感動的是他們的德性風範，能激勵人心、能啟發後世，即或歷經千萬年，即或是在不同的時空間中，仍將為後人所代代傳頌著，如是看似短暫的一期生命，實然亦可謂是：與天地同壽，與無極同為不朽矣！想來：為人的一生，所當要學習的就是如斯之人、之事，若不能學於此，又當要學習何事呢！

由自利而慈悲利他的必然之行

「又有普賢菩薩、文殊師利菩薩、彌勒菩薩，及賢劫中一切菩薩，皆來集會。」

法會大眾中，除有聲聞眾之外，更有菩薩眾的參與。於修行之道上，由自利解脫，必將再上達至慈悲利他，此不但是法義宣說的必然如此，實然也就是為人的天然本性。

於菩薩眾中，又列分有出家菩薩：如淨密不二的普賢菩薩、禪淨不二的文殊師利菩薩，與當來承傳的彌勒菩薩，以及輾轉弘護的賢劫中的一切菩薩。即或各菩薩間有其不同的特德，然皆是為接引廣大的眾生，則此中實然是無分無別的。

釋尊的法義，是觀於宇宙與人生而得的真理，其適用性是超越於時空間的，所謂菩薩就是無有分別的慈悲利他，並非是依於其宗教、文化、國籍與種族等為考量。菩薩所在意的就是如何協助苦難的眾生，能轉煩惱為菩提，且若眾生業尚不盡時，則菩薩也將心甘情願地乘願再來，即或面對頑強的眾生，菩薩也會不疲不厭地耐心引導。

佛門的菩薩典範與事蹟，就是修學佛法者的最佳楷模。學人處於現實的世間裡，每天所要面對的人事物，可謂是既複雜又變動無常。如何才能常保菩薩行的初衷，此中有一重要的關鍵，即是當起一退轉之念時，能具有敏銳的覺察力，並自心深刻地懺悔，虔誠祈求諸佛菩薩的加持，或才有得令回歸本懷的機會。

二、德遵普賢：咸共遵修普賢大士的德性風範

依於願行才能產生力量

「又賢護等十六正士，咸共遵修普賢大士之德。具足無量行願，安住一切功德法中。遊步十方，行權方便，入佛法藏，究竟彼岸，願於無量世界成等正覺。」

在一場殊勝的法會因緣之中，參與者除有常隨佛側的聲聞眾、出家菩薩眾外，另一部份則是更多的在家菩薩眾。對於有心修學者而言，除因緣特為殊勝得以從佛出家，於大多數的學人，或因於種種外緣條件，如：為家庭、為工作等，實然是無法將一心全然置於修行之上，然如是的在家菩薩眾，若能依遵普賢大士之德之行，則其成就亦必然可至成等正覺，與佛無異。

處於現實的環境中，修行將更顯得不易與可貴。只因一旦涉入紅塵世界裡，其所要面對的一切人事物，可謂更是複雜與繁瑣。且在所有的問題中，只要是關於人事的問題，又是更難以處理的。其因在：不論是家庭或工作場合，個人有個人的意見與看法，即或是全然有心地想協助他人，亦是不易之事，有時稍一不慎，不但得不到對方的感謝，反遭誤會而讓自身受傷難過。

紅塵修行雖然困難重重，但若真實有心，於一切人事物恭敬以對，即或面對逆境惡緣，若能反求諸己、懺悔自身的業障，此於修德上反成為進步的墊腳石。且唯有在人事歷練中，才能真正考驗著自己的修行定力，亦唯有如是的功夫，才能獲得真實的自在與無礙。

普賢勝行的破迷啟悟與悲智療苦

「常以法音，覺諸世間。破煩惱城，壞諸欲塹。洗濯垢污，顯明清白。調眾生、宣妙理、貯功德、示福田，以諸法藥救療三苦。」

於法會聖眾中，出家菩薩是以普賢菩薩名列第一，普賢菩薩是以十大願行為其實證的目標：「禮敬諸佛、稱讚如來、廣修供養、懺悔業障、隨喜功德、請轉法輪、請佛住世、常隨佛學、恆順眾生、普皆迴向」，各菩薩各有其修證的願力特德，其中普賢菩薩是以大行為稱，故在《無量壽經》中特以「德遵普賢」為大眾所當遵修之。

對於修學者而言，信與解是入門之鑰，然一切的聽聞終將以能落實於身口意上為貴，故所謂的德遵普賢，是為說明：即或所修學的法門各有不同，然若不能實證之，亦然也只是一場戲論而已。

雖言在家菩薩有其歷練的殊勝因緣，然對於大多數的人而言，想在紅塵中而能保持不退道心、道念誠屬不易，故特以出家的普賢菩薩勝行為例說明：其對於自身能破除煩惱、遠離五欲六塵的一切雜染，依於清淨自心調伏眾生，為眾生宣說妙理，以法義救療眾生的一切苦難。由之或可得見：唯有自利才能真實利他，然亦可言，也唯有在利他之中才能終究完成自利，此自他兩利實然亦無法絕然二分的。或於多數人常感人生苦短，然歷來的諸佛菩薩，也已為後人示現離苦得樂的引導方向。

文殊智德的超情離見、通達性相

「通諸法性，達眾生相。供養諸佛，開導群生。化現其身，猶如電光。裂魔見網，解諸纏縛。遠超聲聞辟支佛地，入空無相無願法門。善立方便，顯示三乘。」

為人處世，必有其所關愛的對象，如：父母與家親眷屬等，然若一生僅為如是的範圍盡心盡力，雖亦可言是難能可貴，但終究無法相比於為民族、為天下的聖哲賢人。惟若所指引的方向，可徹底解決累劫的生死問題，此則是諸佛菩薩的悲心與智慧，故才能以無限生命、無限慈的心懷，出入生死而救度眾生。

為人多因於所處環境的不同，也因於長期的熏染所致，往往容易產生難以戒除的不良習氣，即或得遇善知識的引導，也通常會以「我就是戒不掉」來搪塞規避。惟且觀歷來諸佛菩薩的所作所為，或許可有些微的領悟，如：文殊師利菩薩是以「大智」為其特德，於佛門所謂的智慧可以總曰就是「觀空之智」，「空」就是立足於本然，觀得一切萬法其本就是「清淨、平等」。為人若能觀得萬法即我、我即萬法，自然能遠離我執、我見、我慢、我固，至此，即或看似難以改變的習氣，也將在視萬物為一體之下而斷然革除之。或此也更能領悟：為度眾生才能真實完成清淨的本我，然此中的善權方便，則須待歷劫累世的斷惡修善，乃至自淨其意而逐步臻至。

自利之德與利他之德的兼具

「住深禪定，悉覩無量諸佛。於一念頃，遍遊一切佛土。興大悲，愍有情。演慈辯，授法眼。杜惡趣，開善門。於諸眾生，視若自己。拯濟負荷，皆度彼岸。」

當人生走到某一階段時，多少會開始反思生命的意義、目的與價值等問題，於此之時，對於物質的追求大抵已較淡然，得以有所溫飽與基本的生活保障外，較多的是如何將生命良能付出最大的奉獻。然即或有如是的心思，亦不離如何先於自身成就德性，再及於周圍之人。

如菩薩於行持自度度他的過程，如何先具有自利之德，如：「住深禪定，悉覩無量諸佛。於一念頃，遍遊一切佛土。」此意在說明：唯能具有堅毅的定力，才能在度他過程中能保持不退的初心，並時刻以諸佛的心量來檢視自己的起心動念。並依此自利之德，相處於眾生群裡，如菩薩所行之事：「興大悲，愍有情。演慈辯，授法眼。杜惡趣，開善門。於諸眾生，視若自己。拯濟負荷，皆度彼岸。」唯能如菩薩般地不疲不厭的引導眾生，且深具辯才給予眾生正知正見，帶領眾生斷惡修善，視眾生猶如自己，能承擔苦，能無畏難，在如是利他之德的逐步完成時，於菩薩而言，也只是善盡自己的本分事而已矣！因此，即或有心利他，若不能先具有良好的內德，反而容易造成傷己與傷人。

三、大教緣起：見瑞希有、禮讚陳辭以得發起法緣

得見瑞相的希有歡喜心

「尊者阿難，即自思惟：今日世尊，色身諸根，悅豫清淨。光顏巍巍，寶剎莊嚴。從昔以來，所未曾見。喜得瞻仰，生希有心。」

於佛門而言，主要的觀照在能不執一切的有形有相，此乃因於一切法皆是緣起，亦將在時空間中而終歸於緣滅，此為佛法義的根本法輪。然對於大多數的眾生而言，總是喜歡美好的人事物，亦因此，如何以最莊嚴之相呈現，吸引眾生的目光，是為諸佛菩薩的善巧方便。於是，佛經大多有瑞相希有難能得見的各種描繪，以使眾生有歡喜心、希有心，此或即是：「先以欲勾牽，後令入佛智」之意，當待眾生深入經義後，再為其開解不執不著的般若妙慧。

雖言：「凡所有相，皆是虛妄」，但諸佛菩薩無不以相好莊嚴而示現於世，總稱佛有三十二相、八十種好，惟一切的相好莊嚴是依於在因地修行中而成，故有言：「因中修百福，果上成一相」，以此說明：諸佛菩薩的相好莊嚴，並非是憑空而得，皆是點點滴滴積功累德而來，諸佛菩薩如是，一切眾生亦將如是。

對於欲求廣度眾生者而言，其所需具有的善巧方便，將因於不同的眾生，其所要具備的方法亦是無有窮盡，故有：「法門無量誓願學」的菩薩願行。惟學人在覽讀經文之時，若能隨文入觀，或稍有機會以契入於佛瑞相希有的景況。

禮讚與啟請的殊勝因緣

「世尊告阿難言：汝為哀愍利樂諸眾生故，能問如是微妙之義。汝今斯問，勝於供養一天下阿羅漢、辟支佛。布施累劫，諸天人民，蜎飛蠕動之類，功德百千萬倍。」

《無量壽經》的發起序，是由佛的現瑞光而發起，如經文：「爾時世尊，威光赫奕，如融金聚。又如明鏡，影暢表裏。現大光明，數千百變。」正因於如是的瑞相希有難得，感得阿難尊者的禮讚，並思惟：佛現如是的威神顯耀、光瑞殊妙之相，必當有其緣故，以是啟請陳辭，願佛為大眾宣說。

人世間各種事業的完成，皆必有其主因與助緣等條件。尤其是有關於宇宙人生事實真相的宣說，即或是一位已成就者，若無有法緣的得遇，恐將是眾生的一大損失。故阿難尊者見瑞希有，即禮敬陳辭、請佛宣說，如是之舉的示現，蒙佛稱許是：「功德百千萬倍」而難以言盡。

在處世的過程中，人與人之間實然是有其緣分的，若無有相應的對象，往往是多一事不如少一事。也因此之故，也或許常常錯失許多的勝緣。對於一位智者而言，其即或有心宣說與指導，然若所處的環境因緣不具足，也多選擇暫退以待時機，或也有因此而示現坐化而去。

當在覽閱更多的過往聖僧事蹟資料時，或許更能領悟佛稱許尊者阿難的用心所在，正因於阿難的啟問，才得以有此經流傳於世的殊勝之緣。

我的心量與佛的本懷

「阿難！如來以無盡大悲，矜哀三界，所以出興於世，光闡道教。欲拯群萌，惠以真實之利。難值難見，如優曇花，希有出現，汝今所問，多所饒益。」

大多數人的遲鈍，是當在失去之後，才能覺知擁有時的難得與幸福，然通常有此領悟之時，一切也多為時已晚矣！於是，大部分的人生也多在如是的錯失良機而後悔中一日度過一日。對於稍有人生歷練者而言，世間的酸甜苦辣也多少有所品嚐，於是，多少會將人生重心置於生命的價值與意義的探尋上。

佛將我們的時空間整個闊開：時間無量、空間亦是無量。眾生若能依佛的宣說而逐步信、解、行、證，如是所觀得的生命：因於念念相續，故於一期有盡的生命將加重其份量，又為永恆的慧命注入生生不息的精進方向。即或各具有不同特質的生命，其差異僅是外相而已，但同具佛性則為一致，以是而知：生命是豐富多采的，生命與生命是互為彼此的關係而存在，於是，孤單者將不孤單，富有者則樂於與人分享。

佛以一大事因緣出興於世，即是以提升眾生的知見觀念為第一要務，能由凡夫的知見，向上以契入佛的知見，此為佛大悲出世為真實利生的本懷。人生在世，最困難之所在，即是觀念上的改變：我的所思為何？佛的所思又為何？兩相比較之，或許能為自己的心量開得一另扇窗。

智慧與定力的養成

「阿難當知，如來正覺，其智難量，無有障礙。能於念頃，住無量億劫，身及諸根，無有增減。所以者何？如來定慧，究暢無極，於一切法，而得最勝自在故。」

為人的一生，最重要的就是所肯定的價值為何？於佛門而言，首先要肯認的是：一切眾生皆與如來同證一法身。以是，若能依於釋尊一生的行誼，就是行於佛格之道上。若能歷劫不疲不厭地修行，則終將能獲得如佛般的智慧與福德的圓滿。

若確然能真信且肯認於佛行之道上，則在其後歷事練心的過程中，於每一次與人事物接觸的當下，終將積累是否能圓成佛道的重要關鍵。如經云:「如來定慧，究暢無極，於一切法，而得最勝自在故。」學人即或有心修行，也充滿真誠願意自度利他，但如何才能得令於助人過程中，不使對方產生依賴，乃至變成無止盡地一味貪求，又能於自身輕安自在，如是的雙方兩利，此中所需的智慧與定力，實然是最重要的關鍵。

惟智慧與定力的養成，終需仰賴大眾以成之，故如何在人群中，以能積極累積福德為要，即或遭遇甚大的逆境考驗，若能多反身懺悔，以尋求更適宜圓滿的處理方式，也才能在每次的歷練經驗中，逐漸地累積智慧與定力。想來：確然是天下沒有白吃的午餐，佛格的圓滿成就，誠然非一朝一夕之故。

四、法藏因地：聞法發心、出家修行、讚佛發願

把握每個當下殊勝的因緣

「有大國主名世饒王，聞佛說法，歡喜開解，尋發無上真正道意。棄國捐王，行作沙門，號曰法藏，修菩薩道。高才勇哲，與世超異，信解明記，悉皆第一。」

《無量壽經》正宗分由本品開始，說明法藏比丘在因地修行的過程。首先，是因於世間有佛出世，名自在王如來，在世教授，時為諸天及世人民說經講道，有大國主名世饒王，聞佛說法，即捨離富貴名利，出家修行，號曰法藏。

此中的陳述，實然蘊藏無窮的深義：能生值於佛世，已屬難得，且於佛的住世度眾過程中，能與會聞法，又發心出家修道，並行願勇猛精進，才德超異。佛門最重視的是因緣，凡事若能因緣具足，自能水到渠成，然所謂的因緣具足，並非是一種消極的等待，而是自身能掌握每個當下的殊勝因緣，積極精進，以智慧、定力增上自心，堅固不動，如是，才能有「以待來時因緣」之說。否則，得過且過，毫不用心，自然亦無有所謂因緣具成之期。

人生是無法再一次的重來，每一個當下如何應對，才能與所有的

人事物廣結善緣，此中的關鍵，則在知見的觀照上。若能於面對一切的差別相時，一皆能以同體大悲而視之，或才有可能得令自身以無私、無求、無分別，且深具智慧地行持慈悲利他，如是，或可將人事上的結怨與遺憾降至最低。

學習讚歎與寬諒

「往詣佛所，頂禮長跪，發廣大願，頌曰：如來微妙色端嚴，一切世間無有等，光明無量照十方，日月火珠皆匿曜。世尊能演一音聲，有情各各隨類解，又能現一妙色身，普使眾生隨類見。」

法藏比丘在因地修行時，由於聞佛說法而心開意解，以致棄捨世俗的富貴而出家修行。此中，除有宿世因緣之外，更重要的是具有捨離之心。惟對於大多數人而言，最難突破的就是因相而起心動念，尤其是人與人之間的應對，通常是因於所見、所聞與己心不合，於是產生甚多的計較、衝突乃至爭鬥，如是的情形，於人、於己不但無法徹底解決問題，反更為彼此增添無窮的煩惱與不安罷了！

在現今人我是非繁雜的時代裡，且又加上網路通訊的發達，人們習慣使用鍵盤上的一指以進行批評甚至漫罵，乃至以毒舌的言語霸凌為要，在如是的環境影響之下，一般人也逐漸較少能發自內心的稱讚別人，或許這就是現今的共業。

惟習氣是可以改變的，且觀法藏比丘在因地修行時，其頂禮長跪廣讚佛的光相與音聲，如是之心、如是之言、如是之舉，或可提供學人：即或面對不善的人事境緣時，即或已造成內心的惱怒當下，如何能以最平和之心，體察到對方的有限與因緣，或許自己能先具備觀照與寬諒之心，事情也將有更多的轉圜餘地。

願得與佛同心、同行

「願我得佛清淨聲，宣揚戒定精進門。智慧廣大深如海，速到菩提究竟岸。為彼群生大導師，能救一切諸世間。未度有情令得度，已度之者使成佛。假令供養恆沙聖，不如堅勇求正覺。」

人生最難得的就是能聽聞正法，能得遇大善知識的引導，能得同參益友的互相規誡與勉勵。為人生活在滾滾紅塵中，在人事物彼此互為影響之下，能不隨世俗而流轉，可謂甚是不易。於今，有佛、菩薩與一切賢聖可為榜樣，至此，浮沉的人生終得一明確的方向。然即或有甚多的學習典範，學人於中真能得利者仍屬少數的少數，其因又當為何？

且觀所有成就者，皆是具有廣大願、廣大行，尤其是學習佛聖之行，發廣度眾生的大願是為第一步。惟發願之事，對於多數人是懷有畏懼與猶豫不決的。然若能反思：佛的福慧圓滿，佛的慈悲利他，佛的願力堅定等，如是之心、之行，皆是人生最應學習的，於此，若不願、不想學習，然人生又當要學習何事呢！

觀法藏比丘的發願：願聲同佛、慧超彼岸、如佛救苦、悉令成佛、堅求正覺。如是的大願，皆是為眾生而然，如是的人生，誠可謂：不白來人間走一趟。想來：人生甚是短暫的，唯有過得有價值、有意義，能為利益人群而積極付出奉獻，當走之時能安然自在，如是的人生或也可謂無憾。

求生淨土是為廣度衆生

「願當安住三摩地，恆放光明照一切，感得廣大清淨居，殊勝莊嚴無等倫。輪迴諸趣眾生類，速生我剎受安樂。我行決定堅固力，唯佛聖智能證知。」

為人存活在此世間，雖言僅是短短數十個寒暑而已，但生從何來？死又將往何處去？終究是要面對的一項課題。即或因於生活忙碌而無暇顧及之，然一旦觀得周遭親朋好友，一個個地在時間遷流變化中而告別時，至此，也將驚覺誠如世俗所言：「死而不得復生」，故所謂的告別，也代表其將永遠不能與我們見面。

惟諸佛以其所親證，為眾生開示宇宙人生的事實真相：「宇宙與我同體」、「佛國淨土是自性之所現」。正因於宇宙與我同體，故協助他人才能真實利益自己，如是的生命才是真正大生命體的力行。又宇宙的事實真相，本就是無生無滅，故「凡所有相，皆是虛妄」，以是得知：一世的色身雖有限，但究竟的生命體本無限，故生死之事誠然可得放下。

同理，既宇宙萬有本與我同體，故所謂佛國淨土之說，亦確然就是依於清淨自性本具有，於此，學人若能多所深悟，終將肯定確然是「心淨即佛土淨」。顯然，願求往生淨土之舉，絕非是一種對現實的逃避，更非是一種虛無縹緲之說，其關鍵在：清淨定力的養成是現前人生的必然功課，而諸佛淨土是為接引眾生能返歸真正的大我自性。

五、至心精進：學法門以斷煩惱，結歸自心以思修滿願

勤學法門為斷除無明煩惱

「法藏比丘白佛言：我今為菩薩道，已發無上正覺之心。取願作佛，悉令如佛。願佛為我廣宣經法，我當奉持，如法修行。拔諸勤苦生死根本，速成無上正等正覺。」

人生最難得的就是能聽聞正法，法藏比丘在因地修行時，即是因聽法而發心修行，並願究竟成佛以廣度眾生。然即使有所發心後，如何能如法修行以斷除無明煩惱，此中的精進程度與不退轉，則將成為重要的關鍵。通常一般的學人，多少因於宿世的善緣，故當能得聞正法時，在過去的善根種子產生作用之後，即能因聞正法而感得欣喜，甚或立志於發心修行。然往往在一段時日之後，或感於外在因素，或因於內心的無明，此兩者又一相乘，以致，產生退轉之心者亦不在少數。

顯然，即或有心修行，若不能在法門上多所精進，此中，除能得遇善知識之外，通常自身的因素又佔更重的比例。一旦得遇各種人事境緣時，如何才能降伏個人無量劫來的無明習氣，並利用每一次的因緣，以提升自身的德性，更是得以修行不退的關鍵。成佛是要歷經無

量劫的，故在每一劫、每一事中，一再地修正自己、改變自己，始可謂是在修行、是在精進。然所謂的修行精進，又當以何為觀照：以保持一顆清淨本心為主，此並非是看不到外在的缺失，而是於自心中不存放不善之人事物。

親近自性是修學的開始

「世間自在王佛，即為法藏而說經言：譬如大海一人斗量，經歷劫數，尚可窮底。人有至心求道，精進不止，會當尅果，何願不得。汝自思惟，修何方便，而能成就佛剎莊嚴。如所修行，汝自當知。清淨佛國，汝應自攝。」

為人一世，若能得聞正法，甚且發心立願，精進修行以成佛道而廣度眾生，如是之願心確然令人敬佩。然如法藏比丘已具堅求正覺之心，惟此中尚需再思惟所欲成就的佛國世界為何？又當以何善權方便而巧度眾生？此即是諸佛菩薩各有其不同之願行，也可以說：諸佛菩薩皆是依願而行、因行而得成就。

即或誓願廣大，但只要有願、有心，則必能有力、有行，在持之以恆與心不退轉之下，即或歷經無量的劫數，必將有成願之期。惟此中的關鍵，仍在自身的心願與方向，故世間自在王佛要法藏比丘思惟：當修何方便法，才能成就佛剎莊嚴。顯然，對於修行者而言，一切終將要自修、自知與自攝。

如世俗所言：「公修公得，婆修婆得」，又言：「個人吃飯個人飽」，如是皆在說明：死生大事是無法替代的。凡一切的修學，終將不離於自心，故有心修習的學人，或可先從幾個方向入手：享受覽閱經文的每個當下，享受清淨的自性，在如是親近自性的過程中，才將更能體會因於煩惱無明所帶來的苦果，以是而發廣大救度他人之心，或也將逐漸明朗堅定。

諸佛淨土以教學為先

「世間自在王佛知其高明，志願深廣。即為宣說二百一十億諸佛剎土功德嚴淨廣大圓滿之相，應其心願，悉現與之，說是法時，經千億歲。」

為人一旦有真實利益眾生之心，則必能感得他人的相助，以同心、同願、同行而共成利眾之事。法藏比丘精進修行、誓滿所願，故感得世間自在王佛為其宣說諸佛剎土的廣大圓滿之相，以助其圓成所欲成就淨土的殊勝莊嚴。

在現今的世界裡，有各式各樣不同名目的慈善團體，因其多以扶助弱勢為志業，且在多元媒體的宣傳之下，亦多能感得大眾的投入。以致，或能在短暫時間即募得甚多的資源，然當人力、物力、財力匯集之後，如何恰當如宜的應用，以達到最具經濟效益的結果，則實然並非是易事。

於現今資訊媒體如是發達的時代裡，想募得人力、物力等資源，或許較為容易，然如何長期維持不變的初衷，如何財物出入分明、公開以得能取信於大眾，此則為主事者更應致力之所在。

然若細思之：真能徹底改變提升一個人，則仍需由教育入手。教育的環境與教學的內涵，終將是關鍵之所在。為人在成長的過程中，由家庭、學校乃至社會，其所熏染與養成的品德，才能於己、於人有真實的利益。或可推知：諸佛淨土的成就，實然就是一所教學場所，前往者是為養品行、求德能，再入世利他。

力行善願前要有所觀察與選擇

「爾時法藏聞佛所說，皆悉覩見，起發無上殊勝之願。於彼天人善惡，國土麤妙，思惟究竟。便一其心，選擇所欲，結得大願。精勤求索，恭慎保持，修習功德，滿足五劫。於彼二十一俱胝佛土，功德莊嚴之事，明了通達，如一佛剎。所攝佛國，超過於彼。」

法藏比丘經過無量億劫的精進修行，並於深觀無量諸佛剎土之後，即自專一其心地思惟，選擇其所欲成就的莊嚴佛土以結得大願。當如是的大願方向確立之後，則更為精勤恭慎以保持不退心，如是又歷經福慧的修習積累，其所得成的佛土功德莊嚴，則更勝於其他佛土，此乃是法藏比丘因大願所依之果。

對於一般多數之人，大抵皆有利人之心，但所要力行之事，當以何種方式，才能於他人最有實質的幫助；又當如何的力行才能於己持續而不感疲厭，此中實然是有大學問。學人即或有心力行慈悲利他，於一開始，絕然不可僅憑一時的善心即立刻行之。例如：有心收留流浪動物，然一旦數目逐漸增多，才發現於己的財力、人力已然不堪負荷之時，即又棄養之，如是之舉當為警惕之。

佛門之所以特別強調智慧，是為說明：即或所行的是善舉，仍需以智慧為所依歸，如何才能有智慧的慈善救災，使災民不但能獲得物質的取得，於心靈層次上也能提升，才是利他的究竟。

六、發大誓願：正具說佛國莊嚴四十八大行願

因時制宜以行利他志業

「法藏白言：唯願世尊，大慈聽察。我若證得無上菩提，成正覺已，所居佛剎，具足無量不可思議功德莊嚴。」

當法藏比丘在觀察無量佛國莊嚴的過程中，再加上其大願與精進，歷經無量劫的深自思惟，其所欲成就的佛國莊嚴究竟為何？正因於法藏比丘親覩過無量佛國淨土，故其在總結之後，則發其大願：若能證得無上菩提，所居佛剎將具足無量不可思議功德莊嚴。顯然，由於有先前的觀察親覩的過程，才有得成更為殊勝的功德莊嚴。

於人而言，人自出生乃至所有的成長過程，無不皆在時刻學習著，而學習的對象就來自於周遭一切的人事物。有最親近的父母親、兄弟姊妹，以及學校的師長、同學，甚至是社會上所接觸到各種不同思想行為的人們。且如世俗所言：凡走過必留下痕跡。也可以說：個人的思想行為決然受到所處人事環境的影響。然此中尚有一關鍵，就是即或無法於所處人事環境置之不理，但如何抉擇以行，則仍屬於個人。

且觀現今的社會上，實然有甚多的團體，立於崇高的理想，想為

社會的正向發展規劃最為有益的事情，於是集合有志之士，出錢、出力，無怨、無悔，不求名利、不求掌聲，但求能為社會奉獻心力。如是之人與團體，其行願實然可謂是現前的佛菩薩。惟如何在變化快速的環境中，能因時制宜以更恰當的方式，以行利他的志業，則是所要思惟與精進之所在。

行如是因則得如是果

「無有地獄，餓鬼、禽獸、蜎飛蠕動之類。三惡道中，來生我剎，受我法化，悉成阿耨多羅三藐三菩提，不復更墮惡趣。得是願，乃作佛。」

法藏比丘為成就其佛國的殊勝莊嚴，總發四十八大願：首先是關於如何遠離三惡道。佛法有十法界之分：前四為聖道，後六為凡界。惟對於一般人，六道中只見人道與畜生道，至於，地獄與餓鬼，或曾有人在瀕臨死亡之際，有遊歷的經驗，以至，當其清醒之時，將其中所見之景象生動描繪，或也可為當是時提供一警惕作用。

但於多數之人而言，雖或有所聽聞地獄與餓鬼道的傳說，但總因並非是親身的歷境，也因正處於現實環境中，所謂的傳說也就只是一種傳說而已，即或於聽聞的當下，稍稍有些感觸，終究抵擋不了早已習染的習氣。即使是如此，但凡有心之人，若能多一層地仔細審視所處的人事環境，其間確然是有甚大的差異。

即以人道為論：有人出生即富貴，有人卻窮困一生，如是因緣果報的不同，實然就正在眼前活生生地上演著。所謂如是因、如是果，是一確然之事，凡稍有領會者，於因緣果報之說，則不得不頷首同意。

且觀實例：在同一時間所發生的同一事件，有人可以全身而退，有人卻因之遭禍，此間的種種巧合往往令人只能多所感嘆，實難再有其他的言說。

多懷慈心善念的莊嚴相好

「我作佛時，十方世界，所有眾生，令生我剎，皆具紫磨真金色身。於一念頃，周遍巡歷供養諸佛者。生我國者，若不決定成等正覺，證大涅槃者，不取正覺。我作佛時，光明無量，普照十方，絕勝諸佛，勝於日月之明，千萬億倍。」

人與人之間，初次的見面，第一印象通常與相貌有某一程度的關係，適當的身材與堂堂的容顏，若再加上談吐舉止等其他的條件，往往是能令人多一分好感的印象。且依於業因果報之論，個人的相貌必與其過去的修因有關，又通常多與心行的善惡更有直接的關係：若多懷善念，則得相好莊嚴，反之，若心常興起邪思惡念，則必得凶惡之相。如十法界中的阿修羅道，即是雖具有多福報，但因於瞋恨心重，故多感得不善之相。

諸佛菩薩皆因利益眾生而得成，顯然，要如何才能多與眾生有接觸的機會，是為諸佛菩薩所思惟與關心之所在。若能具有和藹而令人喜歡親近之相，無疑就是與眾生結緣的好方式，也可以說是度化眾生的第一步，故諸佛菩薩皆具相好莊嚴的殊妙身。

法藏比丘發大誓願：若其成佛之時，所有願往生其佛剎者，必得如佛般的紫磨金色身，具三十二相。法藏比丘有如是的大願，學人則更應積極效法其精進的修持，斷一切惡、行一切善、自淨其意，則必將與諸佛同成同在。

聞佛名、念佛號以得見佛

「我作佛時，十方眾生，聞我名號，至心信樂。所有善根，心心回向，願生我國，乃至十念。若不生者，不取正覺，唯除五逆，誹謗正法。」

在法藏比丘所發的大誓願中，「聞名普益」是接引廣大眾生，也是一切眾生得以往生其佛國的一重要關鍵。對於多數之人而言，即或多能感受到人世的苦惱繁雜，若能有緣得聞佛聖大法，也多能起效法學習之心。然也多因於為應付生活而整日忙碌不堪，即或有心修學，往往也在世俗紅塵的牽扯中而分身乏術，除極少數幸運之人，可以全心全意長時間的聞法修持。

以是，如何才能廣開方便門，以利益一切眾生，使令即或煩惱、忙碌的眾生，也能隨時隨地的依法修行，此即是法藏比丘特以佛的名號來接引眾生，如是的誓願、如是的善巧，其殊勝實難稱歎得盡。惟此中有「十念必生願」，學人切勿有錯誤的解讀，自以為平常不須用功，只要臨終能有十念佛號，即可往生。如是的取巧偷懶，如是的因循懈怠，已與清淨佛心相背，又如何相應於佛願呢！

學人理應以心心回向為日常的功課，真心、切願地如理如法的修行，惟對於向來無有因緣得聞佛名者，若善根深具亦能在其臨終時，得有善知識為其解說淨土之事，且其人若能信之又願往之，則「乃至十念」則必得往生之。

七、必成正覺：誓願圓滿以成正覺、普濟大眾以得成佛

使命必達的行願力與堅持力

「我建超世志，必至無上道，斯願不滿足，誓不成等覺。令彼諸群生，復為大施主，普濟諸窮苦，長夜無憂惱，出生眾善根，成就菩提果。」

為人一生如何過得有意義，如何過得充實有價值，大抵與其能往自身所嚮往的理想前進，若能如是而行，即使過程中充滿著挑戰與艱難，然也正因為有奮鬥的方向，且在想方設法克服問題之中，也將意志力與耐受力轉為更加增勝。

惟目標的設定或許較容易，然如何才能堅持初發心，努力不懈以進，則是佛聖與凡夫的差異所在。對於一般之人而言，其所設定的目標，大抵與自身的利益、名位、權勢等有關，因此，只要與如是的所求有所背反，則容易思退轉之念，實然亦可理解。

且觀諸佛菩薩的大行願，皆是為利益眾生而發深廣大誓願，其大智大行、大慈大悲，皆是為成熟眾生而然，一切所有的福報功德皆為回向眾生，普令一切眾生皆能成就菩提道果。如是的深願不但感動人心，亦必將得天人的護佑，乃至諸佛的加持。如法藏比丘的「斯願不

滿足，誓不成等覺」，唯有待得一切眾生皆然能成就佛道，也才有自己得成之期。如是地以眾生為自己，正是破除私我之執的最佳良方，能轉私我以成就大我，正是佛與凡夫的根本差異之所在，也因於不為私我，才能擁有真實永恆的快樂，此即是諸佛的教導。

以智慧破迷惑、顯妙用

「願我智慧光，普照十方剎。消除三垢冥，明濟眾厄難，悉捨三途苦，滅諸煩惱暗。開彼智慧眼，獲得光明身，閉塞諸惡道，通達善趣門。為眾開法藏，廣施功德寶。」

對於佛法的修學而言，最重要的就是智慧的成就，而佛門的智慧，就是對於現象界一切存在能如實的觀察。學人只要稍有留意，自能明白凡一切所見的人事物，實然無法具有永恆性，其中的生滅快速，已然超出自己所能掌握的。且觀大自然界的白日與黑夜，其間的流轉與交錯，是無法被精準掌握其分界點的。如是，於其他的一切人事物皆然如是，在看似好像沒有太多的改變中，實然就在一分一秒的流逝下，一切皆已然遷移轉化而不同。

在人世的相處中，不論是留戀或結怨，皆是因於無法如佛智般的明白事實真相，於是，就在彼此的爭競中，造成更為堅固的糾纏與怨仇，輪迴現象亦因之而起。若稍有體悟者，於此，自能產生厭離心，實然不願也不堪再如是地重複流轉不已。以是，興起精進心，效法學習諸佛的智慧，在人事的歷練中，難忍能忍、難行能行，以度過一次又一次的執著與分別。

正因對於佛智的確然真信，也在實證的過程中而逐步趨近於佛行，終更能明悟諸佛的用心與願行，將自身所證得的智慧，與有緣之人分享，以引導更多的人共邁往真實的幸福安然之道而行。

悲智如佛與說法如佛

「如佛無礙智，所行慈愍行。常作天人師，得為三界雄，說法師子吼，廣度諸有情。圓滿昔所願，一切皆成佛。」

凡有心行持於利益眾生之事，此中仍須以智慧為依歸，要能觀察眼前其所最需要者為何？若是物質缺乏者，除解決其一時的燃眉之急外，更重要的如何提升其謀生能力，使其養成具有照顧自己的能力，更能翻轉手心再利益他人，此才可謂是真實地利益眾生。若是因特殊狀況而導致無法工作、生活困頓，如何有效地尋求並善用社會資源，使得專責單位能長期介入與關懷，以期能達到安其身、安其心，而非只是一時的表面行事，如是才可謂是悲智雙運的利他之行。

惟在所有的利他之行中，最為關鍵的就是思想觀念的提升，也可以說：除以上的悲智如佛外，更要能說法如佛。且觀釋尊的一生行誼，其在悟道之後，所從事的主要工作就是行遊教化眾生，如何將眾生知見轉為佛的知見，此為釋尊一生教化之所在。如何深具善巧方便，為眾生廣開思想觀念，尤其是有關於生命共同體的見地。以現今的環境而論，個人的食衣住行育樂等方面，如何才能更為友善於一切的人事物，又應如何將理念化為實際的行動，則為現今所有人的責任。學人若有心效法能期如佛德，則除自身觀念的改變之外，更要有能為大眾宣說的願行。

以堅決心祈得滿願

「斯願若剋果，大千應感動，虛空諸天神，當雨珍妙華。法藏比丘，說此頌已，應時普地六種震動，天雨妙華，以散其上，自然音樂空中讚言，決定必成無上正覺。」

正所謂：「人有善願，天必從之。」法藏比丘發如是四十八大願，願願皆是為接引眾生往生其佛國淨土，若四十八大願不能得成，其亦將不成正等正覺。且觀諸佛菩薩與凡夫眾生最大的差異所在，就是諸佛敢發如是的誓願，而眾生雖得聞諸佛的大願，但其內心卻反起恐懼擔憂，想：若是自己恐將無法達成的。尤其是諸佛菩薩有「自他交換」的觀修，以對方的生病與自己的健康交換，此於凡夫可謂是更為害怕的。然也正因為如此，諸佛的廣發大願是為利益眾生，以是之故正可破除我執；凡夫眾生只在意自身的利益，故我執始終無法堪破，終究在六道中而輪迴不已。

當法藏比丘發如是大願後，更祈願能得諸天的感應，以證明其誓願必將不虛發，而虛空的雨珍妙華，就是天人相應的證明。凡有心力行利他之事，如是的心懷，本與諸佛菩薩相應，也必然獲得天人的相助，此為必然之理。然當所行之事不如預期的如意，若思退轉之念，實然就已遠離諸佛菩薩的本心。故在行持利眾的過程中，最大挑戰就是自己的心念不堅定，即或有所困難，更要想方設法以解決處理之，如是，則終將滿願。

八、積功累德：自利利他、現生多生，以成就眾生

少欲知足的自利之行

「不起貪瞋癡欲諸想，不著色聲香味觸法。但樂憶念，過去諸佛，所修善根。行寂靜行，遠離虛妄。依真諦門，植眾德本。不計眾苦，少欲知足。志願無倦，忍力成就。」

且觀歷代所有的佛聖典範，其之所以能名留千古，其言、其行之所以能成為後世的榜樣，無不來自於其有真實的利他之行。然為人之所以能行利他之事，此中的關鍵仍要自身能先具足自利的德行，若自利之行尚無法實證，則所謂的利他必將參雜個人的私利於其中。

尤其對於修學佛聖之法者而言，其所將利益的範圍是涵蓋無量法界，故其心量與福德更要能得天人的敬仰。在一切的修德中，終將先由身口意的十善入手，若總而言之，也可以說就是：諸惡莫作、眾善奉行。此中，最難以根除的就是意業如何保持其清淨，此於常人幾乎是不可能，但事在人為，若真有心於修德上，自能在念念的起動間，於第一時間內即得觀照之。

如經文：若能多憶念過去諸佛所修的善根，此乃是先令自身得以置於正向磁場裡，以此遠離貪瞋癡諸欲之念，當六根相應於六塵境界

裡，或才能多具有一分的定力。在修德的過程中，如何能吃得了苦、且能不疲不厭以利益眾生，如是的修學過程，皆在在考驗著學人們。只因常人多喜安逸，故難以體證諸佛菩薩於少欲知足中的輕安自在。

實質與形式一如的利他之行

「於諸有情，常懷慈忍，和顏愛語，勸諭策進。恭敬三寶，奉事師長，無有虛偽諂曲之心。莊嚴眾行，軌範具足。善護口業，不譏他過。善護身業，不失律儀。善護意業，清淨無染。」

我們每一個人，時時皆在影響著其他的人，而他人也正在影響著自己，這是一個生命共同體的事實，是無人可以置身事外的。也正因為生命是互為彼此的關係，故個人與整體實然是無法分割的。諸佛菩薩正因為有如是的見地，以是，能善盡其福德因緣以造福廣大的眾生。

學人除於自利之德能精進修持，更要能深入於人群社會裡。通常大多數人在教育的養成過程中，或能習得一技之長，只要能善用自己的專長，以志工利眾的心境來從事於專業的工作，則自能在專業工作中得其價值，如是就是在利益眾生。

在與人接觸的過程中，言語是最直接的表達方式，能和敬以對，能耐心解說，能仔細聆聽，能適時提醒，如是種種，就是在行持利他之事。

在與眾人的相處過程中，除言語之外，個人外在行為的表現，也可顯出個人的內在涵養。如云：「誠於中，形於外」，內在的真誠，表現於外在的恭敬，如是的實質與形式合一，此是佛聖之德。次之，則是雖少有內在的真誠，但仍有外在的形式表現，此仍可說是小康的世界。若有朝一日連外在的形式也蕩然無存之時，如是的世間就是亂世。

行於六度則得現生的成就

「所有國城、聚落、眷屬、珍寶，都無所著。恆以布施、持戒、忍辱、精進、禪定、智慧，六度之行，教化安立眾生，住於無上真正之道。」

雖言修學佛法要歷經無量劫的精進努力，才得以成就之。然也正因於一切法皆是在如是因、如是緣、如是果的循環、轉變之中，故一旦所加入的因緣條件改變後，則其結果也自然隨之而變動。以是，所謂的「現生成就」，即是眼前就能看到轉變之後的不同結果。學人若能多所用心，自能對於修學是充滿信心的，也將發現隨著實修實證的努力，自己的執著是有少些，於貪瞋癡慢疑也稍顯淡然，如是皆在說明：眼前所行的道路就是一正確的方向。

菩薩的修行方式，第一步就是布施，為人之所以捨不得一切的財物，實然是以為所有的財物就理應屬於自己的，然如佛法的教導：財產是五家共有，凡是有形的皆然是生不帶來、死不帶去，若能確然有如是的觀照與體會，自能明悟：「只有使用權，無有擁有權」的真義。

菩薩有如是的見地，故能於一切皆然無所著，不但自身力行六度，更以之引導教化安立眾生行於：布施、持戒、忍辱、精進、禪定、智慧，若眾生能如是地積極累積福德智慧，依其所成就的諸善根，則其所生之處，自然能感得正報與依報的莊嚴殊勝無比。

一切所成皆為利樂有情

「於諸佛所，尊重供養，未曾間斷，如是功德，說不能盡。身口常出無量妙香，猶如栴檀，優鉢羅華，其香普熏無量世界。手中常出無盡之寶，莊嚴之具，一切所須，最上之物，利樂有情。」

依於因緣法，凡一切存在皆是無常而變動不已，以是破除對於現象界所執的「常見」，此即《心經》所言：「色即是空」；除此，佛法亦論法性、佛性、自性，以是而破除「斷見」，此即《心經》所言：「空即是色」，能離卻常見與斷見的邊見，才能如實了知中道實相義。

學人種善因所將獲得的善果，或可在當生即得現成，亦或可能是在未來之世才得享有，總之，業因果報是絲毫不爽的。惟一期的生命終究有盡，如何成就無窮的慧命，才是諸佛菩薩所欲引領眾生的方向與目標。以是之故，菩薩在因地修行時，總是積極地福慧雙修，不論是現生成就，亦或是多生才得以成就，皆是為將所修學的功德全然布施與眾生。想來：唯有如是的生命，才能顯出生命的價值與意義；亦唯有如是的生活方式，才能活得精彩與自在。

在現實的世界裡，不論是富貴或貧賤，皆各有其煩惱與痛苦之處。惟人類實然不只是一純然的生物而已，為人是更需要有精神與心靈的豐富生活，以是，當人生更經歷練之後，對於諸佛菩薩的精進利眾，反更能深刻領會其中的妙義，並終願追隨其腳步且樂此不疲。

九、圓滿成就：因圓果滿、誓願成就，以酬願度生

因圓果滿的純然利他

「佛告阿難：法藏比丘，修菩薩行，積功累德，無量無邊。於一切法，而得自在，非是語言分別之所能知。所發誓願，圓滿成就。如實安住，具足莊嚴，威德廣大，清淨佛土。」

法藏比丘依其所發大願，如是歷劫精進修持，於不疲不厭的利己與利他之中積功累德，終必得成因圓果滿的清淨佛土。由功德無量無邊，乃至於一切法皆得自在，此是於己的自利之行。待誓願成就時，則將如實安住於嚴淨的佛土，以接引廣大的眾生，則是利他之行的展開。

且觀一切諸佛菩薩的示現，實然是在為眾生說明一大事因緣：唯有決然斷除私我的執見，真誠融入於廣大群眾之中，能為眾生拔除苦難，包含一切的病苦與種種煩惱等。惟對於大多數的眾生而言，即或有心加入各種慈善團體，即或有心從事於利他之行，然大抵仍無法擺脫是以自身有關的人事物為先，例如：即或有回向之心，則是以先回向自己的親人為主，此雖言是無可厚非，亦是人之常情，但如是的心行，卻也容易溺陷於小我之中的輪迴不已。

諸佛菩薩的廣大心行，其最終目標是在純然的利他，此中，已然是無有我個人之事，是一種由超越小我而臻至於大我的行持。以是佛門所謂的「體證空性」，實然並非是不問世事的一種小我解脫，而是視一切眾生平等不二的純然利他之心而已。

得能常隨佛學的企盼

「阿難聞佛所說，白世尊言：法藏菩薩成菩提者，為是過去佛耶，未來佛耶，為今現在他方世界耶。」

佛法對於時空間的觀念是：於時間是豎窮三際，包含：無量的過去世、無量的未來世與現在世，雖總曰是三世，實然是代表無量世。於空間上是橫遍十方，總曰是無量無邊的空間。不論是時間亦或是空間，皆是無有其邊際，雖言如此，但無量的法界，彼此卻互為是相即相入的關係，以是而知：佛門的法界可總體視為一整全的，此亦即是《華嚴經》所論「一即一切、一切即一」的觀念。

如阿難所問：法藏菩薩在因圓果滿之時，其所成就：「為是過去佛耶，未來佛耶，為今現在他方世界耶。」如是之問，實然是為一切眾生解惑，對於眾生而言，最在意的就是能常隨佛學，以是，有關成佛的時間，則將與自身是否得以常得見佛、聞法，是有其重要的連結性。如是之事，於眾生而言，尤其是在現今各法門皆自為發展之下，能得隨一兼具大德大智、大慈大悲的善知識，顯然，於修學者而言，無疑是人生最殊勝之事。

現今雖言是一物質豐厚的時代，然人們所感受到的生活壓力，與來自於因苦悶與煩惱所產生的各種精神相關問題，實然可謂更勝於往昔。凡稍具覺醒的人，多能感受唯有真實清淨的智慧，才能為現實的人生注入源源不絕的活力。

於「法身常住」的領悟

「世尊告言：彼佛如來，來無所來，去無所去，無生無滅，非過現未來。」

釋尊於三千年前示現於印度，其色身於住世八十年後，也已然在印度入滅。其一生的現身說法：出生、出家、悟道、度眾生、入滅，如是的一生，於常人而言，就是最真實的人生。然對於凡夫而言，有關釋尊的色身雖已入滅，但其法身卻是常住不滅的論說，於大多數人的解讀是：乃因於釋尊的法義流傳不已，而法義即代表釋尊，故確然可言是「法身不滅」。

惟所謂的「法身常住」，除領悟為釋尊法義的流傳於世之外，實然，一切諸佛如來，乃至一切的眾生，其原本皆是同一生命體，也可以說是：生命的本質其源是為相同，此即是法身之義，故有：「十方三世佛，共證一法身」之義。當能立足於法身，再觀察現象界的一切，則自能了知：「凡所有相，皆是虛妄」，一切相之所以虛妄，實因其變化太快速，在如是而緣起、如是而緣滅之下，實然無有一物是可以永恆不變的。以是，唯有諸佛如來的得證法身，才能明瞭宇宙人生的事實真相。

如經文所言：「彼佛如來，來無所來，去無所去，無生無滅，非過現未來。」於學人而言，或可領解為：一期生命雖言有盡，但慧命的精進則將永恆不朽，確然是色身暫退，慧命實然無有過去、現在與未來。

現生的慈悲利他

「但以酬願度生，現在西方，去閻浮提百千俱胝那由他佛剎，有世界名曰極樂。法藏成佛，號阿彌陀，成佛以來，於今十劫。今現在說法，有無量無數菩薩聲聞之眾，恭敬圍繞。」

法藏比丘由初發心，乃至行菩薩道，然今成佛度眾生。其所發的大願，在歷劫精進修持之下，則必然誓願成就，於今西方有一極樂世界，有佛號曰：阿彌陀，正在說法廣度無量眾生。如是的歷程，正足以說明：佛由人成，佛是圓滿人格的呈現，當自身能修持至最圓滿具足之時，則稱之為成佛。

依於經文所示：諸佛如來無不皆是憑願而成，並完成其酬願度生。如：在西方有極樂世界，是「現依報」；法藏成佛，號阿彌陀，是「現正報」；今現在說法，是「現說法」；有無量菩薩聲聞圍繞，則是「現度生」。正、依報呈現，則說法、度生，就是酬願度生的方式。

學人觀得如是的經義，自然了悟：所謂的慈悲利他，終究不能離開自身所具有的德能與智慧。顯然，唯有自身能具有最好的能力與智慧，再加上如何善於營造好的環境，並以慈悲利他之心為主導，則亦必能在自己能力所及的範圍之內，以逐步完成利他的目標工作。

想來：所謂的利他，並非是遙不可及之事，亦非是富有者，或能力強者的才能行之。只要能引發自身的良知、善用自身的良能，則自能與諸佛菩薩同行同願，此實然並非是空談。

十、皆願作佛：聞說歡喜並皆願如佛

聞說歡喜的真誠恭敬

「佛說阿彌陀佛為菩薩求得是願時，阿闍王子，與五百大長者，聞之皆大歡喜。各持一金華蓋，俱到佛前作禮，以華蓋上佛已。」

人一旦出生，即深深地受其所處人事與環境的影響，即或有所謂個人特質，大抵亦是在本具有的境緣之中，而有另一較為突出的表現。也可以說：大多數人皆是追隨者，或追隨某一風俗習慣，或追隨某一理念，乃至或追隨某一獨特的個人。當有此領悟時，則將更顯出引領者所帶動風氣的責任感，尤其在現今資訊媒體如是發達的時代裡，某一特殊的人或事，可以在極其短暫的時間內即蔚為一股風潮；然同理，其消失的速度亦可在一轉瞬間。

在所有的引領帶動中，唯有諸佛菩薩以其大德大智，才能真實立於為人的天然本性，也唯有依於本性所成就最為圓滿的願行，才確然能嘉惠一切的眾生，而依如是所產生的追隨者，也才能是真實圓滿地傳續永恆。即如經文之義：阿彌陀佛正在說法以酬願度生，所有與會的王子、大長者們，無不聞之皆大歡喜。

當處在價值觀極其混淆的時代裡，即或有心修習佛聖之道的學人，如何才能立足於真誠的善願，於利己與利他上，皆然無有過錯與差失，此又確為不易。但於己若能先擁有一顆真誠恭敬心，則為修學的第一步，如是，必得諸佛菩薩的加持、天人護佑，此誠然不虛。

願人人皆能成佛

「却坐一面聽經，心中願言，令我等作佛時，皆如阿彌陀佛。」

人確然是有其天性的，於天性中是有其天然的德性，如是之理，已非是可以採取辯論方式以證明其有或無。在有關世俗的公共事務上，若是出現有正、反兩方的意見時，通常是採取雙方辯論或協商的方法，並以多數決來作為政策方向的擬訂與實行。

惟有關本性之德方面，實然是無法採取辯論的方式來證明其有或無，更不是信者即有，亦或是不信者即無之事。凡學人皆可以細微的觀察：於常人而言，多喜歡和諧，討厭爭執；多喜見父慈子孝，厭惡父子反目成仇，甚至對簿公堂；也可以說：常人多喜歡與性德相應之事，討厭違反性德的一切，如是，亦可看出人性自有其良善的一面。即或是為惡的人，一旦受到啟發之後，亦多能懺悔前愆，而發心改過自新。

顯可得見：諸佛菩薩的廣大願行，於眾生而言，實然就是一仿效的對象，以是，且觀歷代以來，皆有各宗的祖師大德們，窮盡其一生，無怨無悔，以完成其為利他度生所發的大願，並實證其大行。為何能有如是之人？又為何如是之人能前仆後繼地出現，此皆足以說明：所謂佛聖，就是將性德呈顯之人。佛聖是如此，常人亦當如是，故如經文之義，凡所聽聞者，其心中皆有其願言：「令我等作佛時，皆如阿彌陀佛」，此正是性德的表現。

心同則面貌同

「佛即知之，告諸比丘：是王子等，後當作佛。」

當與會的王子與大長者們，聞佛說阿彌陀佛在菩薩因地修行所求的大願時，亦各於自心中願言：「令我等作佛時，皆如阿彌陀佛」，依於如是所發的願言後，佛即知之，並預記曰：「是王子等，後當作佛。」此中的重點在於：凡有如是度化眾生之願者，即是在心地上種下菩提種子，只要依此菩提種子，再不斷地增上其助緣，則終有得成佛果之期。有云：「一歷眼根，永為道種」，又更何況是在心開意解、皆大歡喜之下所發的大願，如是，更可說明第一念的願心，是何等的重要！

世俗有云：「人心之不同，恰如其面」，同理，若想與諸佛菩薩面目相同，則要有如同諸佛菩薩的心地內涵。亦可言：當用心於廣度眾生時，在智慧與慈悲臻至圓滿時，此心、此行即與諸佛等同，故如經文：佛為王子等授記後當作佛，顯然，並非只是一種安慰之詞，而是說明：當心同於佛，則自能成佛。於是，所謂的成佛，就是當自心與諸佛等同，也可以說：當能視一切眾生皆是佛時，就是成佛之時。

佛為發願者授記成佛，此正是由因至果的必然，以是，凡有心修學佛聖大道者，務必先求論心於每個當下，也就是自己的身口意之行，要先能自我觀照：我的動機正確否？這將是重要的關鍵。

❀前世今生的相值緣勝

「彼於前世住菩薩道，無數劫來，供養四百億佛。迦葉佛時，彼等為我弟子。今供養我，復相值也。時諸比丘聞佛言者，莫不代之歡喜。」

佛法強調因緣，凡有所相遇，必有其前因。往昔所造之因，必在今世之果上呈現，若能對於因緣果的觀照越深入，亦將越能體悟佛法的大要。於今，王子與大長者們，一聽聞阿彌陀佛的因地修行，亦即發將來皆能如阿彌陀佛，如是殊勝的會遇之緣，想來亦是必有其因的。故如佛所言：這是無數劫來的因緣所聚，彼於往昔早已行菩薩道，供養無量諸佛，今日相遇，只是「復相值也」。

對於學人而言，佛法的業因果報，大抵可以領解，然此中的困難，則在逆境與惡緣之下，如何才能轉逆為順、轉惡為善，實然在在考驗著學人的耐心與智慧。惟修學不離「六度」，此中又以忍辱行最為不易，然為人一旦稍稍些微的忍受力皆無，實然也無法說是在修行。故釋尊於入涅槃前，囑其弟子們要：以戒為師、以苦為師，實然是有其甚深之意。

同理，一旦得遇修學的善緣，得以有安適的環境聽聞修學，有良師益友互為勉勵，則更應把握時間努力精進，只因，色身是非常有限的，且其將在光陰之中而日日衰頹之，這是自然的法則，這是無人可以力挽扭轉的，故有云：「今生不向此生度，欲待何時度此生」，此實然如是。

十一、國界嚴淨：清淨莊嚴、寬正自然，超踰十方世界

佛國莊嚴源於自己的身口意清淨

「佛語阿難：彼極樂界，無量功德，具足莊嚴。唯以自然七寶，黃金為地，寬廣平正，不可限極。微妙奇麗，清淨莊嚴，超踰十方一切世界。」

有關論述佛國淨土的莊嚴殊妙，即或是諸佛各依不同大願所呈現有所差異，但一皆是在說明：佛國的清淨莊嚴實是諸佛依其無量功德所成。若能將如是的理念反轉回自身，則自己所能得遇的一切人事物，所能遭逢的一切境緣，無不皆是依於自己的身口意而呈現。

在現實的人事環境中歷練越久，則將更能感受來自多方面的無法盡如人意，以是對於苦的感受，大抵是多數人共有的經驗。於是，如何轉苦為樂，轉煩惱為菩提？如何讓明天能更美好、更幸福？可謂是全體生命的共同願望。且觀在眼前現實的環境裡，不同的國家，在不同的政策引導之下，彼此是有甚大的差異。例如：有被稱為最環保的城市，有被稱為最適合居住的區域，有被稱為快樂指數最高的國家，如是種種，皆在呈顯，即或是在現實環境中，只要能依善行而持續努力，則佛國世界的清淨莊嚴，實然是可以在人間示現。

於今，多數人對於佛國境土的描繪，總以為只是一種遙不可及的美好想像而已，於現實中是無法完成的。如是正顯眾生的信心不足，也因於信心不足，故無法全然地投入於改變，也無法確然在自己的身口意上下足功夫，如是，才是根本的問題所在。

不可思議業力所致的結果

「阿難白世尊言：若彼國土無須彌山，其四天王天及忉利天，依何而住？佛告阿難：夜摩兜率，乃至色無色界，一切諸天，依何而住？阿難白言：不可思議業力所致。」

佛法論述三界：欲界、色界、無色界，於三界中又各有不同的天人居住，不同層的天人，則代表著不同的修行境界與福報。對於有關如是的論述，多數人若未能長久的修習佛法，可能大抵略過而已。然學人若能仔細觀照：即或是在眼前現實的環境裡，依於不同的國度、不同的區域、不同的個人，實然是有不同的心境與享受，不但國與國不同，更是人與人之間也是差距甚大。

如經文：不同層次的天人，一皆是依於「不可思議業力所致」，此中的不可思議，是為說明：只因限於自身的見地層次關係，是將無法領會於不同見地的思惟所及。於是，若學人能先努力提升自己的見地，能耐心、恆心的修學佛法，在尚未能親證之前，能確然相信「聖言量」，並以自身的經歷再多所觀照，或許將對於「不可思議業力所致」的論述，能有更為深刻的體證。

佛法不同於一般的哲學理論，是依實修以證理念，若能先由自身觀照以得，則將發現：人生實然是沒有一定的，往東有東的前途，往西有西的路徑，不同的結果，乃因於所走的方向不同，此確然是不可思議的業力所致。

心佛難思、業果難思

「佛語阿難：不思議業，汝可知耶？汝身果報，不可思議。眾生業報，亦不可思議。眾生善根，不可思議。諸佛聖力，諸佛世界，亦不可思議。」

佛法常有論述不可思議的相關語詞，所謂的不可思議，也就是無法以常理為之解說與判斷。然對於大多數人而言，人生總是期待著未來，雖言是一日過一日，但也就如是地了然度過一生。以是，總在預想、規劃著未來之事，更喜歡揣測、推敲、模擬未來的事情。人生也就在懷想著過去、努力於現在與迎接於未來之中，人生也就如是過得甚感有意義，通常也可以自豪地說是：不白來人世走一遭。

然又如世俗之所言：「計畫總趕不上變化」，如是，正也說明著：人生確然是有不可思議之事。對於事情不在計畫中而突然發生的，此在現實人生中，可謂是無法避免的，或許也可以說：這就是人生的常態。不管是否願意接受，在現實的人生中，是決然要常常接到變化球的。以是，佛法的無常觀、因緣觀，正為說明：凡一切的存在現象，皆然是在剎那遷移的，此是真理，不論信與不信。

正因為不可思議，故一切皆然是可以改變的：浪子是可以回頭的，凡夫是可以修證成佛的，煩惱是可以轉為智慧的。正因為不可思議，所以對於正處於困頓的人，更要能伸出援手，此即如經文：善根不可思議、業報不可思議。

以功德善力相應於淨土

「其國眾生，功德善力，住行業地，及佛神力，故能爾耳。阿難白言：業因果報，不可思議。我於此法，實無所惑。但為將來眾生，破除疑網，故發斯問。」

人自出生之後，所面對的人事與環境，及所歷經過的林林總總，回想起來，似乎此中彷彿有其難以突破之所在，也因此，所謂的宿命論，或也多少存在個人的內心深處。然佛法是以因緣觀來破除對現象界的執有，也就是說：在看似彷彿是宿命的當下，實然仍是千變萬化的，關鍵就在用心的功夫深淺問題。

且觀歷代各宗的祖師大德們，其所發的誓願，及其所力行的德與能，皆在明示後人：有為者亦將如是。佛門多有淨土的論說，或有以為：人生理應把握現前，努力積極生活才最為重要，若是將時間精神置於另一邈不可及的世界，反而會錯失當下。如是之論，實然是對於淨土的內涵尚未有深層理解。淨土是依於自身的心行而呈現，若願力與功德善力不及，則自將與淨土境界無法相應。若以世俗的教育體系為論：每一層級的教學內涵，自有其相應程度的學生就學。故如經文：「其國眾生，功德善力，住行業地，及佛神力，故能爾耳。」除有諸佛的願力引導之外，亦必再加上自身的努力以相配合，才能有美好的未來可期。

人生是不定的，好與壞是變動無常的，但轉變的契機仍在個人身上，此則為確然如是。

十二、光明遍照：光中極尊、佛中之王的威光遍照

佛光的遍照與氛圍

「佛告阿難：阿彌陀佛威神光明，最尊第一，十方諸佛，所不能及。遍照東方恆沙佛剎，南西北方，四維上下，亦復如是。」

阿彌陀佛依其願力與無量的功德，所成就的極樂世界，是一光明遍照於無量恆沙佛剎的世界，故稱其：威神光明最尊第一，十方諸佛所不能及。在一切的造像中，不論是鑄造亦或是描繪，佛像所顯現的都是令人同感溫暖、舒適與光明，是可以得令急躁之心安靜下來的，這就是佛光的特色。

顯然，在人世吵雜的場域中，人們仍在期盼著有一溫暖的氛圍，得以令人投入其中而喘息片刻。且觀在現實的生活中，每個孩子無不以能環繞在父母身邊為最大的快樂，惟因父母總是無私地關懷著自己的孩子，家永遠是心靈的避風港，家永遠是最安全的依靠所在。人的一生，最值得安慰的就是得有一美滿的家庭，得以在此中逐漸成長，同理，若無法如是者，則亦可謂是人生的一憾吧！

凡有心修學者，終不離要能先由身口意入手，所思、所言、所行

皆能嘉惠於人，雖有能力但不帶給他人壓力，能協助幫忙但不過多的介入干涉。於人總能同理心多一些，指責批評少一點，如是的行事風格，自能帶給他人多一分的溫暖，少一分的逼迫。若言佛聖與凡夫的差異所在，一言以蔽之：氣質的流露不同而已，佛聖帶給他人慈和的氛圍，凡夫則時時彰顯自己的習氣。

依自在所作而各自得之

「諸佛光明所照遠近，本其前世求道，所願功德大小不同。至作佛時，各自得之，自在所作，不為預計。」

所謂真理，就是事實存在的現象，不論相信與否，其皆然如是。於佛門中特別強調因果，由如是因必然產生如是果，此即是真理。同理，若能改變其因，則果亦將變之，故一切皆是無常，此亦是真理。「諸佛光明所照遠近」，是果，其因則在於「本其前世求道，所願功德大小不同」，因果於眾生是如此，於諸佛菩薩亦然如是。如經文：「各自得之，自在所作，不為預計」，此即是因果的自然定律。

於眾生而言，大多能稱讚諸佛菩薩的功德，亦多能心嚮往之。至於阿彌陀佛以四十八願接引眾生往生其國，於多數學人而言，若得以修學一段時期，且對人生多有歷練之後，大抵能興往極樂世界的美好。然亦正如經文所示：本其前才有現於後之得，故極樂世界的營造，實然就在每個當下，是依於身口意的清淨而然。

世俗有言：「各人造業，各人承擔。」總之，一切皆是自作自受，而所謂「不為預計」，更是在說明：善惡業報的扭轉關鍵就在自身上，並非是他人可以預期知道的。以是而知：是否得以往生極樂佛國，是在日常已然決定的。當心中有佛，口中念佛，身行清淨，實然就已然投入於佛國的氛圍中。

心地光明善好勝於日月之明

「阿彌陀佛，光明善好，勝於日月之明，千億萬倍。光中極尊，佛中之王。是故無量壽佛，亦號無量光佛。」

阿彌陀佛又號無量壽佛、無量光佛，其光明善好被讚歎為：「光中極尊，佛中之王。」且觀阿彌陀佛的四十八誓願，願願皆是以利益眾生得成無上正等正覺為目標，若不如是，則自身亦將不成就佛道。學人若能將如是的心地，如是的心行，相比於己，則將更能顯出自身的偏狹。

在現實的人生中，多數人大抵是為自身的生活在辛苦奮鬥著，即或是有責任感的人，也大抵能以先安頓自身與家庭為根本，若再有多餘的財物，也才願意割捨一二而出，此亦可謂是人情常理。然當自身得以溫飽富足後，如何可以喜捨得出，且所含涉範圍的廣狹，於此，才能看出心量、眼光與願力等。

於常人而言，當在自己得以安穩後，大抵能有利人之心，然此中多有其範圍與限制。一旦是與自身的利益相衝突時，則通常是無法容忍的，也多喜言：「忍耐是有限度的」，於此，更能彰顯諸佛菩薩所成就功德的殊勝。故學人理應對諸佛所發的誓願，要能深心地領解，當在咀嚼經文時，更應思惟誓願背後所蘊含的意義為何？且觀：諸佛皆不願獨享清淨福報，顯可得見，享福的當下，福報也正在消退中，故享福實然並非好事，或亦可言：不享福才是真正的享福。

主動迎向光明才能究竟得益

「如是光明，普照十方一切世界。其有眾生，遇斯光者，垢滅善生，身意柔軟。若在三途極苦之處，見此光明，皆得休息，命終皆得解脫。」

佛光的遍照是為救拔眾生能離苦得樂，此雖是佛的功德與誓願，但關鍵仍在眾生是否得願接受此光的普照。在現實的世界裡，人往往是習慣的動物，一旦在某一環境自在之後，即使有心人想為其指引至較佳的處所，有時也要稍費一番唇舌。顯然，當眾生是沉淪在極苦之處時，習慣有時是會令人失去判斷的覺察能力。故佛光的普照，是一永恆持續地，只要眾生得能稍遇其微光，自然能感受此光的溫暖與柔和，此是諸佛的恆持願力。

於今，因於各種的天災與人禍，實然苦難眾生是偏多的，如何才能將人性的慈悲光輝，嘉惠於所有的需要者，顯然，唯有能主動地走入其生活，不厭其煩地當其不請之師。當在獻上關懷與慰問時，除有物資的協助外，心靈的建設恐才是最為關鍵的。也可以說：如何帶領其願意自動地走出陰霾與困境，迎向光明才是究竟的令其得益。

為人的一生，究竟是要過得哀怨亦或是自在，實然關鍵就在自己身上。即或可以仰仗諸佛威光的加持力量，但若眾生無有真實接納之心，則亦是枉然的。惟諸佛對待眾生，總是不離不棄，其光德恆在，其誓願永不退，其接引眾生之心真實懇切，此當是學人所該效法之。

十三、壽眾無量：無量壽佛，壽命長久，諸菩薩、聲聞、天人亦爾

化短暫的生命為永恆的無量

「佛語阿難：無量壽佛，壽命長久，不可稱計。又有無數聲聞之眾，神智洞達，威力自在，能於掌中持一切世界。」

在現實的人生中，人類的平均壽命大約七、八十歲，即或有較高壽者，最長也不過約百多歲，以是，對於無量壽的觀念，除是經文的陳述之外，大抵對於一般人而言，也可能只是視為另一他方世界之事，是現實人生所難以想像的。

即或隨著醫學科技的進步發達，人類的壽命似有延長的趨勢，然對於大多數的人而言，唯有意識清楚、行動自如、生活得以自理等相關條件都具備，否則，壽命的延長，實然並非是一值得慶幸之事。在現實的社會裡，更多的人對於生命的觀照，已有更多的思惟與準備，更期待能走得自在，在走的過程能不拖累他人。於是，有生前契約、病人自主法等出現，這是最為現實的人生，也是人生的必然。

當在人生有些許的歷練之後，多少可以感受到生命的短暫，人生最精華的時間似乎剎那即已消逝。當心力、體力、活動力等，逐漸在走下坡時，又當一病不起時，那些原來很堅持的一切，也將不得不放

下。至此之時，或許才能返觀體悟：所謂「無量壽」所要彰顯之意義。惟當人生在有所積累與經驗之後，如何培養傳承者，將最良善美好的延續下去，或許才能化短暫的生命為永恆的無量。

心與行的相應之道

「我弟子中大目犍連，神通第一，三千大千世界，所有一切星宿眾生，於一晝夜，悉知其數。假使十方眾生，神通皆如大目犍連，盡其壽命，竭其智力，悉共推算。彼佛會中，聲聞之數，千萬分中不及一分。」

極樂世界是一他方世界，這是多數人的見地。此中的描述，實非一般人所可以領解的。然在現實的人生中，是可以真實感受到生命的起與落，此中的複雜度，實然是科技也無法細數明白的。例如：整個地球有多少種生物？不論是飛禽、走獸乃至水族類，此中物種的變動無常，又有誰可以完全知悉。於現實人生是如此，於另一世界亦然如是。

在佛門的弟子中，大目犍連有神通第一的尊稱，即或其盡其智力，亦將無法推算極樂世界的與會人數。對於如是有關極樂世界種種的描繪，學人又當如何領悟其中的深意。對於淨土法門，常人多難以能真實地信之、持之乃至願往之，然若能於「一切法由心想生」有所深解，則凡眼前所出現的一切，也就是相應於自己心中而顯的。

既然科學所能探知的仍有其限，故有關他方世界的描繪，實然也並非只是一種虛想而已。依於佛門的因果觀，起一動念，就是種一個因，若再加上助緣，則果自然呈現，此為理之當然。故學人若能先清淨自念，念念與諸佛心行相應，則其當下所感得的業果自然就是清淨的，又實然是淨土就在當下。

所知者與所未知者

「譬如大海，深廣無邊。以一毛塵，沾海一滴，此毛塵水，比海孰多。阿難！彼目犍連等所知數者，如毛塵水，所未知者，如大海水。」

佛門一再地強調「人身難得」，但在現實的人生中，卻往往有人因於各種不如意的人事與環境，而選擇提早結束生命。雖言，對於大宇宙而言，單一的生死實然很渺小，但於每個生命而言，生與死就是最重大的事。在由生至死的過程中，如何才能留下得令後人學習的榜樣，此或許就是一世生命的意義與價值。然對於大多數之人而言，只要能安然度過一生，大抵也無有太多的想法與遺憾。

依於本經文，一再地以各種設喻來說明，即或神通廣大也無法細數有無量無邊的生命。又以「一毛塵」為一單位，以此更在彰顯：生命的無量無邊，故法界亦是無量無邊。以一毛塵之水，相比於大海之水，顯可得見，一毛塵水實然無法與大海水相比，但每一毛塵水，又全然可相融於大海之水中，故每個單一，與全體之一，又實然是無分無別。

因於以上的論述，再返觀自身的生命：即使覺得自己的一生，過得甚為充實與具有意義，但所能涉及的範圍實然亦是極為有限，故不但要尊重自己的生命，更要尊重一切生命的存在權。此乃因於，全體法界本相融為一，故實然是無有個己的成就，唯有全體的共成而已。

無待與自在的安然

「彼佛壽量，及諸菩薩、聲聞、天人，壽量亦爾。非以算計譬喻之所能知。」

人的一生，在生老病死的自然法則中，實然無有任何人是可以長久住世的，如是的觀念與態度，是存在於每個人的心中，亦且能安然的接受。然即或是如此，對於生死的大事，也必須要能有多方的學習與觀照，才能面對突發狀況的當下。有關生命的長短，一般人大抵皆有其數字的概念，以致，當人步入中年後，亦多有預立遺囑的準備，關於自身的財物與生後之事，若能先有詳細的規劃與交代，實然可對於旁人少一些罣礙與擔心。

為人一旦能安然地面對自身的生死問題，或許也更應該學習以何態度來面對其他的生命。然對於多數之人，恐最難接受的就是白髮人送黑髮人，此雖看似違反自然法則，但生命的長短就是無法自己控制的。想來：所有的生命，都僅是互相陪伴一段時間而已，彼此也只是互為需要而已，在如是短暫的相遇中，若能多些成全而少些計較，使彼此的生命多些空間而少些折磨，或許也可謂是對生命的尊重。

相較於諸佛菩薩的壽量無限，一期的人世可謂就是：「同是天涯淪落人」，故既然得以相遇，如何轉彼此的罣礙為恆常的安然，才是重要的關鍵。以是，有所謂的「相逢何必曾相識」，這是一種對彼此的無待與自在，或許這就是諸佛菩薩的心境與生活。

十四、寶樹遍國：或純一或多寶共成的寶樹遍國

純善純淨的天性

「彼如來國，多諸寶樹，或純金樹、純白銀樹、琉璃樹、水晶樹、琥珀樹、美玉樹、瑪瑙樹，唯一寶成，不雜餘寶。」

由於佛法強調因緣果，以是，在業因果報的呈現中，就可以推知過去之因與預測未來之果。為人自從一出生之時，就可以顯現過去所造之因為何？且觀本身所具備的相好，此是正報之一；又再觀察所處的人事環境，這就是依報。學人可由自身的智慧、能力與福報等，以是觀察自己的正報；又可由家親眷屬與外在環境，以是觀察自身的依報。

不論正報或依報，其好壞實然亦是不定的，此中的重要關鍵，在如何轉迷為悟，轉煩惱為菩提，這才是根本中之根本。即或有好的正報與依報，但若不能善加應用，以現有的福報再創造更大的福報，否則，一旦世緣已盡，未來的生死流轉，又將趣往何方？此才是真正的問題所在。

為顯極樂世界的依報莊嚴，所描繪的寶樹遍國，其中是有由純一寶石所形成的寶樹，如：純金、純銀乃至純琉璃、純水晶等，純則代

表單一不雜，於心地而言，純則象徵專一不二。為人與為學之道，首先就需先建立在純一之上，純才能心無旁騖，純才能得心清淨，而純善純淨之心，就是我們的天性。當此純一本性得以保持得住，若有機緣再行入世之事，也才有可能在世染的大缸中，帶領眾生走向光明大道。

由多寶共成的意義

「或有二寶三寶，乃至七寶，轉共合成。根莖枝幹，此寶所成，華葉果實，他寶化作。或有寶樹，黃金為根，白銀為身，琉璃為枝，水晶為梢，琥珀為葉，美玉為華，瑪瑙為果。其餘諸樹，復有七寶，互為根幹枝葉華果，種種共成。」

在極樂世界裡，除有由純一寶石所形成的寶樹之外，更有由多寶所共成的寶樹林立。例如：同一棵的寶樹，或其根是金，而其幹是銀、其枝是琉璃等，如是由多寶所形成的寶樹，實然亦有其更深的象徵意義。

在現實的人世間，為人除擁有專業能力的一技之長外，更必須養成好的人品道德，不但能合群以完成團隊的目標，也具備善與人溝通相處的能力，對於生活的小細節亦要能多所留意不造成他人的困擾等，簡言之，為人理應趣往力求圓滿之道而行，唯有如此，才能真實利益他人。否則，單有專業能力而已，但其他皆一無是處，如是之人，亦將帶給旁人甚多的煩惱與不便。

所謂「佛」，就是人格圓滿的完成，為人除保持純善純淨之心，更要能深入眾生群裡，以多元的善巧方便以協助眾生，亦能臻至圓滿的人格。人與人之間是互為影響的，此中，最能影響他人的，應是人格的特質。細思：最得能令人留下深刻的印象，往往就是那一份對人的真誠與恭敬，就是那一份來自內心感同身受的關懷與善解。

彼此雖各異卻又互為相成

「各自異行，行行相值，莖莖相望，枝葉相向，華實相當。榮色光曜，不可勝視。」

在極樂世界裡，一切的存在都有其蘊含的深義，如：由純一之寶或多寶所共成的寶樹，即或各自有其自然的發展，但彼此皆是「華實相當、榮色光曜」。有關極樂世界的景況描繪，多數人或以為是一虛幻而非現實的世界，但若能以另一角度觀照，則極樂世界無疑是人類對未來生活的願景，是人們可努力營造的目標與方向。

在現實的環境裡，由於人口的持續增加，再加上人類的無窮欲望，人類不斷地與大自然界的其他動植物等爭地，以致，於今人類所面臨的困境，可謂幾乎快要達到難以挽回的地步。由於不斷地砍伐雨林所造成生態上的危機，也由於海洋垃圾的難以清除，如是的景況，對人們而言，也逐漸地失去乾淨的空氣與水源，而這是人類最賴以為生的基本條件。

佛門有「無情說法」之論，實然萬物萬類皆無時無刻地在為人類演說著真理。且觀：夕陽西下、潮起潮落、花開花謝等，宇宙中一切存在的事物，其變動是如此地的無常，這就是真理。又觀：一切事物是因於彼此的關係而互為存在，故無有任何一事物是可以獨自而存在的，這就是真理。再觀：個人的生命對於大宇宙而言，實然是甚為渺小的，但若能為成全更多生命而努力付出，則將使短暫的生命，化為永續長存的慧命，這就是生命的意義與價值。

❀大自然的美妙音聲

「清風時發，出五音聲，微妙宮商，自然相和。是諸寶樹，周遍其國。」

在大自然界中，若缺乏樹林與清風，那將會是如何地酷熱啊！若能在忙碌的生活中，能得一短暫的喘息空間，靜靜地享受那微風吹動著林木所發出的聲音。因於清風、因於樹林，彼此互相推衍、激盪著，更隨著不同的風速流入不同的樹叢中，其所自然興發出的妙樂，實然是勝過人世間的一切演奏，正所謂是：「此曲只應天上有」，這是大自然給予我們最美妙的寶物。

大自然界中，各種動植物皆各有其自然的音聲，且彼此是可互為感應的，尤其是動物，其喜怒哀樂，人類理應是最可以感受到的。故孟子有：「見其生而不忍見其死，聞其聲而不忍食其肉」，以是有「君子遠庖廚」之說。同理，即或是植物，若人類能善待之，其也自然回饋在其生長的過程與長養的果實中，當人們在享受其所提供的貢獻時，理應抱持更多的感恩心。在大自然界裡，人們若能多一分對萬物萬類乃至土地山川的禮敬，則人類也將獲益得更多。

關於極樂世界的往生之說，曾有古大德言：「生得決定生，去則實未去」，顯然，真正的樂土，必須是現前之人的共同努力以成，故「去則實未去」；但於臨命終所見的極樂淨土景況，則確然是依於清淨本性所現，故曰：「生得決定生」。

十五、菩提道場：眾寶嚴成，說法利生的音聲最為第一

說法音聲最為殊勝第一

「微風徐動，吹諸枝葉，演出無量妙法音聲。其聲流布，遍諸佛國。清暢哀亮，微妙和雅。十方世界音聲之中，最為第一。」

在極樂世界裡的寶樹，除是為彰顯依報的莊嚴之外，寶樹更有其殊勝的妙用功能：當在微風徐動之下，吹拂著枝葉，自然地演出無量的妙法音聲，如是的音聲蘊含著妙理妙義，得令聞者法喜充滿。顯然，即或是處於依報莊嚴的國土裡，唯有能得聽聞法義，才是第一最為殊勝的。

對於佛法的修學者而言，如何才能立於不退轉之地，此中有一重要關鍵，就是能時刻不離法義，時刻得以依於經法而如理如法的修行。亦可言：唯有在純然的利他之中，才能真實促使自身立於更為增上的精進，故諸佛菩薩終不厭離一切的眾生，也終身以教育天人為其天性的職志。

在大自然界裡，無時無刻皆有著無量的音聲，即或聽似寂靜無聲，但卻仍有來自於區域所產生的自然之氣，於磁場中又彷彿似有其音聲

的存在。然唯有細心的感受與聆聽，才能有所覺知：人與萬物萬類本是可同感的，即或是與木石之間的關係亦然如是。然於今，人類只在意自身的權益，而忽視其他萬物萬類的需求，當人類再也感受不到或聽不到萬物萬類的所需時，又或當人類已然失去慈悲與智慧的同時，實然這就是最大的危機所在。

對環境的觀照能力

「若有眾生，覩菩提樹、聞聲、鼻香、嘗其果味、觸其光影、念樹功德，皆得六根清徹，無諸惱患。住不退轉地，至成佛道。」

若言在極樂世界的寶樹，眾生於中不論是聞聲或鼻香，乃至嘗其果味或觸其光影，更或能念樹功德，如是則皆然可得六根清淨、無諸惱患，以是能住不退轉地而至成佛道。此中除依報環境的殊勝之外，更多的是來自於本身的觀照。對於初學者而言，環境的良善與正向將具有決定性的關鍵，古人有：「蓬生麻中，不扶自直」，因於麻草本具有筆直的特質，蓬草生於其中，亦自然受之影響，正由於所處的環境無有得令其長成歪曲的因素，故蓬草的不扶自直，其關鍵在生於麻中。

歷來多有賢者大德們，深明環境於人的影響，故一生積極投入於教育工作，不論是建設公共講堂，乃至私人的興學，皆以能教育當地百姓為職志，此中又以能先建立品德為基礎。且觀孔子的教學四科，第一是德行，第二是言語，此兩者是一切為人處世的根本，而品德的養成首在聖人的經教中，然講說經義不僅僅是一種記誦之學的帶領而已，更重要的是要能以身作則，是由身教乃至言說的兩相配合之下，如是才能於大眾有真實的利益。故學人若要於修德上能有所增長，乃至能立於不退轉地，終究不可離於對人事與環境的抉擇。

依報環境具有的教化功能

「復由見彼樹故，獲三種忍：一音響忍，二柔順忍，三者無生法忍。」

對於宇宙的事實真相，不論是依於佛說，或是根據科學的報告，其主要的論述是：宇宙的事實真相就是不生不滅的存在著，如是之理，於常人而言，大多是無法理解的，而只能相信之。然學人是可以仔細的觀察與體會，例如：在同一空間裡，依於擺設位置的不同，乃至所使用的材質、顏色、動線等的差異，其所產生而出的磁場或氛圍，則確然將有不同的感受。若以是而可知：在宇宙中的任何一花一草，乃至一沙一石，其確然是有其根本能量的，且彼此是互為相關的存在。

在極樂世界裡，各種寶樹羅列，遍諸國土，惟如是的寶樹，是依於阿彌陀佛的願力所成，故於見樹之中，可獲三種忍：「一音響忍，二柔順忍，三者無生法忍」，顯可得見，因於正報而轉的依報，亦必將具有正報願力所具有的功能，故在極樂世界裡，寶樹也在說法利益眾生。學人於此則可效法之，理應積極努力於自身的德性、智慧與慈悲的長養，一旦定慧具足，則自身所處的環境，亦將在如是的心行中而逐漸轉變。然此中的關鍵是：若自身的願力薄弱，則不但無法轉變環境，甚至會受環境的左右與牽動而隨之而行。為人若能在現實的人事境緣中，能如如不動，此即是佛菩薩的心境。

願力的堅固與持續

「佛告阿難：如是佛剎，華果樹木，與諸眾生，而作佛事。此皆無量壽佛，威神力故，本願力故，滿足願故。明了、堅固、究竟、願故。」

依於經文之義，整個佛剎中的華果樹木，乃至所有的一切眾生，其之所以能興辦一切的佛事，皆是依於無量壽佛的威神、本願力之故，惟此中的關鍵，仍依於阿彌陀佛自身所具有的堅固與究竟滿願的行力。

在現實人生中，大抵多數人可以說皆是具有其理想性的，尤其是在年輕的時期，對未來總是充滿著滿腔的熱血與期待，也總是神采奕奕的不斷地嘗試與努力向前，這是最令人欽羨的一段時光。然當時光漸漸地流逝後，當精神體力開始似有稍稍減弱時，又當本具有的理想規劃，也在現實環境的考驗裡，逐漸地與本來的理想願望有所背反時，此時，又有多少的理想能被持續的保有或更為精進呢！

或因於理想的難以持續，也因於現實環境的種種考量，以是，再觀歷來的諸佛菩薩，乃至各宗學派的祖師大德們，他們將其一生奉獻在利益眾生身上，且無怨無悔地無私付出，乃至所興辦的事業是困難重重，但總是堅持其初發心，如是的精神著實最令人敬佩與感動。然或也因於其無私無我的精神，也終將能獲得天助與人助，以是，即或看似吃力又不討好的公益工作，也總能在風雨之中而出現有心人士的投入與接續。

十六、堂舍樓觀：居處、修學勝境以得法喜自在

居處與修學的關係

「又無量壽佛講堂精舍，樓觀欄楯，亦皆七寶自然化成。復有白珠摩尼以為交絡，明妙無比。諸菩薩眾，所居宮殿，亦復如是。」

雖言精神生活勝於物質生活，然物質的便利性與舒適度，亦將對精神有某一程度的影響。由是而知，對於極樂世界的描繪，總先不離擁有殊勝的物質環境，此中又以所居住處的莊嚴為要。

對於現實的人生而言，到底將在何地落腳？到底何處才是我家？也始終是人生的一大考量。以是，即或房價高高地上漲，仍有大多數人，願意將一生的大部分積蓄，用於購買一落地深根的地方。也亦如聖人所言：有恆產斯有恆心，人一旦擁有自己所確定的居處，也就彷彿將一顆心定下來。

也正因於購屋的不易，於是，不僅僅是外觀建築的安全與否，乃至居處周邊環境的選擇，決然更是一大思考的重點。除交通方便之外，其所緊鄰附近店家的各種衛生、清淨等條件，皆是納入考慮的範圍。亦更有甚者，相信風生水起的論說，於是慎重地邀請專業人士為之觀

視一二，如是皆在說明：所居之地於人的重要性。

雖言一世的人生甚是短暫，但在旅途的過程中，仍須有一休憩的地方，有一得以令心靈再次充電的場所。於是，不論是購買，亦或是租賃，乃至旅舍的選擇等，實然是需要多費些心思的，因為，它將攸關明日的精神狀態與向前的動力。

現前可營造的修學勝境

「中有在地講經、誦經者。有在地受經、聽經者。有在地經行者、思道，及坐禪者。」

自古以來乃至於今，有關孟母的三遷，依究是一面借鏡，也就是說：環境對人的影響，是不分古今中外的。尤其是在孩提時代，其受環境的影響更是不言可喻。如何才能為孩子尋得一善良風氣的地方，是一能以品德與學能兼行的教育處所，乃至其共學的同儕們，皆是可彼此互為增上等，此無疑是所有的父母與師長所最掛心處。

教育誠然是人生的一大事，在為人的成長過程中，無一不是透過各種的教育內涵而成就於今的自己。簡言之，凡所見、所聞、所思乃至所行，如是的一切，終將決定自己的一生。如何營造一修學的勝境，使所有的人皆能將人性的光明面呈現，如是的目標，是古今依然的。

為人終將受所處環境的影響，於今在傳播媒體如是發達的時代裡，善的傳播可以超越以往數百萬倍，同理，偏邪的言論與行為，也正在極大量的轉發著。惟如同聖人之言：邪不勝正，即或在看似價值觀極為混淆的時代裡，只要有心作為，只要是真心為利他而行，只要是希望社會得以越來越純善，若如是的方向目標，能得更多有志之士的投入與興助，又能輔以最新的科學技術，則美好的未來世界藍圖，是當下可以規劃與掌握的。

遍虛空法界皆是修學環境

「有在虛空講誦受聽者，經行、思道，及坐禪者。」

當對於太空觀測有更新的發現時，人們也越能相信整個宇宙實然是浩瀚無比的。當科學提出更多的理論報告時，於此之中，也一再地說明以人類現有的知識，實難能窮究得盡宇宙的事實真相，也由於是人力所無法做到的，故總歸於「一切榮耀皆歸上帝」。

惟對於宇宙是以不生不滅的狀態而存在著，如是的理論，可謂是與佛法的「無生而生」之義不謀而合。顯然，不論是信或不信，人類所能探知的範圍實然是太有限，故人類理應以更謙虛的態度對待萬物萬類。若再細觀與體察之，則個人一生所能面對的一切人事物，依於佛法之義，如是一切皆是依於因緣而然。且彼此生命的互動又是極為短暫。當隨著時空間的流動與移轉，則一切皆然是變化無常的，此即所謂：依於緣起，也將依於緣滅。

若學人確然能相信：整個法界是為一體，則有關對於極樂世界的種種描繪，尤其是修學環境，如經文：「有在虛空講誦受聽者，經行、思道，及坐禪者」，顯然，所謂的極樂世界乃至其修學環境，是盡虛空遍法界皆然如是，故凡有心修學者，則處於任何的環境，乃至一起心動念皆然可以是用功之所在。佛法有「境隨心轉」、「一切法從心想生」，如是皆在說明：心念將決定一切。

法喜自在與得果自在

「或得須陀洹，或得斯陀含，或得阿那含、阿羅漢。未得阿惟越致者，則得阿惟越致。各自念道，說道、行道，莫不歡喜。」

有因則有果，既有修學的善因，則必得修學的善果。在佛法中，依於聲聞修學的弟子，其修學階次是由初果須陀洹，二果斯陀含、三果阿那含，乃至四果阿羅漢。不同階次則代表心境的差異，也依於心境的不同，其所擁有智慧、德能乃至福報等，亦皆然各有其別。

佛法對於修學的歷程，特別強調修學的階次，即或是已登等覺菩薩之位，仍有其最後的一品無明待破之。若仔細的觀察自己與其他人，可以說每個人皆有其特有的習氣，或急驚風、或慢郎中，或長袖善舞、或內斂自持，且個人所偏向的嗜欲更是差異甚大。又因於各自習染的不同，故在修學上所需對治與採取的方式亦當有別。例如：天界劃分有二十八層，層層上比的心境，是不同層次者所無法揣測得知，惟越趨向上層則代表其所染著的習氣已然更為微細。

因於修學有如是的層層階次，且成佛又當歷經三大阿僧祇劫，簡言之，成佛是一長遠的歷程。於此，學人若能立足於時間的長遠與空間的廣大之下，則每個當下的一念、一行，皆於建構最終結果是具有其影響力的，故若能在修學的過程中，以法喜自在待己與人，則自能得果自在。

十七、泉池功德：水具八德，聞聲得益，一一皆隨眾生意

水與人的關係

「又其講堂左右，泉池交流。縱廣深淺，皆各一等。或十由旬、二十由旬，乃至百千由旬。湛然香潔，具八功德。」

在極樂世界裡的種種設施、擺飾等，皆各有其深妙的作用。如：泉池中的水，湛然香潔，具有八種功德：澄淨、清冷、甘美、輕軟、潤澤、安和、飲時除飢渴、飲已定能長養諸根四大增益。

對於一切的生命而言，水可以說是最基本的生存條件，一旦水源不足乃至遭受污染，則遷徙是必然之路。且觀各民族的發源地，大抵皆與水源產生密切的關係，然於另一方面，也因為水權擁有的問題，導致族群間的爭鬥更是時有所聞。唯當水資源豐沛之時，人民大多可相安以待，然一旦「水」發生問題時，則人與人之間本具有的情義，也可能各為自身的活命而蕩然無存。

歷來各宗的聖哲們，大多有讚美歌頌水之德的流傳文句，此中又以老子的：「上善若水，水善利萬物而不爭」，最為後世之人所引用與朗誦。又因水的柔軟故其能隨圓就方，亦以此象徵：為人處世應效法水的圓融性，不宜過於剛強執著而不知變通。

細觀水的另一奧妙處：凡是有水的地方，則自然會有新的生命出現。如：本是一塊乾涸的泥土地，只要澆水數日，則將漸漸得見綠色的生命蹤跡。尤其是近年的科學實驗明證：水將因人對其是善念或惡意，而有不同的水晶體反應，以此論述人與水是可互為溝通的。

能隨衆生意，自己才能事事如意

「若彼眾生，過浴此水。欲至足者、欲至膝者、欲至腰腋、欲至頸者，或欲灌身，或欲冷者、溫者、急流者、緩流者，其水一一隨眾生意。開神悅體，淨若無形。」

有關佛法的修學，善觀因緣是最根本的基礎，在此法印之下，如：「一切法由心想生」、「相隨心轉」等，無不皆是在說明：「心」是一切的根本源頭。簡言之，凡周遭所呈現的一切人事乃至環境狀態，不無皆是因心的投射而出。若於個人而言，最直接的呈現就是自己的身體乃至相貌、氣質等。若於社會、國家而言，則是整體的政治、經濟乃至教育、文化等，皆是某一區域所有人共同的心念所現。

對於如是的理念，若能仔細觀察之，則不得不頷首確然是如此。

於極樂世界亦然如是，此世界是所有諸上善人的聚會所在，故其所呈現的環境，就是此世界所有善人的共同心念。例如：欲水至足、至膝、至腰，或冷、或溫，若急、若緩，「其水一一隨眾生意」，於此則在彰明：唯有先得令他人能事事如意，反轉於己身才能事事皆隨己意。故凡有心修學者，則不得不謹慎留心，若於自身不希望有任何一細微的不如意，在與他人相待之時，除能不造成他人的障礙之外，理應更進一步以真誠心協助成全之。學人當以諸佛菩薩的心量為榜樣：

他人得受用，就是自己得受用。

依聲光傳媒以善演法音

「微瀾徐迴，轉相灌注，波揚無量微妙音聲。或聞佛法僧聲、波羅蜜聲、止息寂靜聲、無生無滅聲、十力無畏聲。或聞無性無作無我聲、大慈大悲喜捨聲、甘露灌頂受位聲。」

在現實的世界裡，是一個極度重視媒體的傳播力量，為能吸引更廣大觀眾的眼光注目，於是，應用大量的聲光、色彩，在加上炫惑的廣告文字等，且更為能加深觀眾的印象，則不斷地、重複地有如洗腦般的播放著、轉傳著。當整個社會皆籠罩在如是的氛圍時，能不受其影響者，則可謂是少之又少。於是，當某一商品剛推出上市時，如何營造成一股風潮，促使大多數人皆能以擁有此產品為某一種認同的象徵時，此中，所具有的商業活動與利益，也已然達成其目的。

然當大多數人皆熱衷於物質欲望的滿足時，於另一方面，實然對於人心的根本良善是有其反面的影響。為人有其本具的惻隱心、羞惡心、恭敬心、是非心，此是人的天性，然如是的天然本心，也將在追逐物質的過程中而逐漸被隱沒。惟人類終是有其智慧力與觀照力，於是，凡稍有見地者，亦能發現若在物質的追逐上用力過多，則其所引發的社會問題，亦將更為層出不窮與令人束手無策。

在眼前的世界裡，若能善用傳媒的功能以傳演法音，則極樂世界裡的：水能如人意，水能演法音，則將可以在當下呈現。

聞聲即能得益的環境

「得聞如是種種聲已，其心清淨，無諸分別，正直平等，成熟善根，隨其所聞，與法相應。其願聞者，輒獨聞之。所不欲聞，了無所聞。永不退於阿耨多羅三藐三菩提心。」

對於歷代的開國君王而言，如何建立一套完整的禮樂制度，無疑是一件重要之事。此於家庭亦然如是，為人父母者，將以何種生活規範、生命理念來建立並引導自己的家庭成員與孩子們，此誠可謂是重中之重的大事。惟能具有如是見地的父母，在現今因於經濟壓力與物質環境的使然之下，或許多數的父母有如是的念想，但又礙於各種因素，也多只能心有餘而力不足。

觀照極樂世界的描繪，所居之處泉池交流，其水湛然香潔，具八功德，不但水能皆如人意，水更能波揚無量的微妙法音，一切大眾在如是的環境之中，自能因得聞種種的法音而其心清淨，時時與法相應，更能永不退於阿耨多羅三藐三菩提心。若能將極樂世界移至現實的環境，則家庭中所聽、所聞的音聲，究竟其內容為何？此當是所有家庭成員所應關注之處。

現今雖是一資訊傳播極大化的時代，但其另一方面，不良善的文字轉載與影片的流傳，其所造成的負面影響，亦著實令人擔憂。尤其是年幼的孩子與正值成長期的學子，一旦沉迷於虛幻世界的遊戲中，若欲矯枉之，恐需耗費更多的時間與精神。

十八、超世希有：所攝眾生莊嚴，正報超世、依報顯德

同一心念則同一相好

「彼極樂國，所有眾生，容色微妙，超世希有。咸同一類，無差別相。但因順餘方俗，故有天人之名。」

人與人之間的初次見面，最直接的第一印象就是相貌，於世俗有言：「看起來很順眼」、「好像在哪裡見過」，如是的話語皆在拉近彼此之間的關係。顯然，若能具有較佳的面容，乃至其所呈現的氣質，無疑皆是一大加分。然對於有心修學者而言，所謂容貌的端嚴，又絕非是來自於外在的人工美容。因於一切的生命體，皆有其自然法則，且在時空間的遷流變化之下，由生而老，乃至由病而死，如是地依循著、推前著，即或是科技發達的今日，也是無法阻隔的。

在極樂世界的天人，容色微妙，超世希有，又言：「咸同一類，無差別相」，依於「相由心生」之理，若想與極樂世界的眾生同一相貌，則所須用功處即在自身的心念上。同理，若心念能與諸佛菩薩相同，則自然能感得如諸佛菩薩般的相好莊嚴。故於佛門有言：菩薩即或已證得空性，仍須歷百劫長時間以修容色莊嚴之相好。惟佛門的所謂相好莊嚴，實然並非是如世俗的英俊或漂亮，而是其相好莊嚴，能使見

之者自然流露尊重敬仰之心，以是，想進一步親近之，並學習其德能與智慧等。亦唯具有真實的智慧，才能在行持利他之時，能不參雜世俗之情而得兩相自在。

層層相比而上的境界

「佛告阿難：譬如世間貧苦乞人，在帝王邊，面貌形狀，寧可類乎。帝王若比轉輪聖王，則為鄙陋，猶彼乞人，在帝王邊也。」

人的一生，大抵總脫離不了原出生地的人事與環境，於是，或許終其一生皆在如是的周圍境緣之中而度過。若較有幸者，或許得遇機緣而走訪各地，以瞭解各地方的不同生活方式與思想觀念。於是，或許可以眼界稍有不同，也可以觀念稍有所改變，乃至能以更多元方式觀照一切，總之，當所涉及的範圍逐漸廣大時，於己是可以減除以自我為中心的傲慢與驕態。

於今，佛以類比方式，彰顯不同類別之間的互為相較，則彼此的殊勝高下自能有所分判。如：乞人比之於帝王，當貧苦乞人在帝王的身邊，則帝王所擁有的人間富貴，其所享得的一切受用，與其所具有的福報乃至面貌形狀等，實然是乞人所無法想像的。惟當眾人無不以帝王為稱許之時，佛則善巧方便地再向上一層相比，則是：帝王比之於轉輪聖王，能以佛法治世的轉輪聖王，則其能所擁有的威相、福德與智慧等，實然更是一般帝王所難以發想的。

為人之所以會自滿、自傲，乃至洋洋得意而無視他人等，實然皆是因於所處的範圍過於窄小所致。若能將眼界開闊，悠遊於無量廣大的時空間中，則其胸襟與所觀照的面向亦將有所不同。

趣向於更為殊勝與細膩

「轉輪聖王，威相第一，比之忉利天王，又復醜劣。假令帝釋，比第六天，雖百千倍，不相類也。第六天王，若比極樂國中，菩薩聲聞，光顏容色，雖萬億倍，不相及逮。」

在現實的人生中，各別彼此的生活環境，實然亦差異甚大。且以各國不同的政治、經濟乃至風俗、文化與環境為論，於今的世界列分上：有開發國家、已開發國家乃至未開發國家，如是的界分，正足以說明：彼此即或生活在共同的一個地球上，理應可以資源共享共用，但又因於資源分佈的不平均，故有的區域是以農業生產為重，有的則以豐富的礦產為業，為使各國能共享彼此的成果，於是有國際貿易的往來，有學術文化的學習，有宗教活動的交流等，也因此促進國與國乃至人與人的往來關係日漸緊密。

也因於得以有互為學習的機會，於是，各國之間無不在學習著如何促使國際間能更穩定和平的發展，地球得以永續的生存共榮。簡言之，實然是無法有一時片刻的停頓。對於果報的希有殊勝，佛再繼續舉類為喻：輪王比天王、帝釋比第六天王、第六天王比極樂聖眾，顯然，學習佛聖之法者，一切皆當以更為殊勝細膩為努力的核心。如：心念的起動之間，是否能在甚是微細的當下，即能有所覺知，並以伏之、化之。只因，一旦所覺稍緩，一發為言語或行為時，則造業已然形成，悔之亦晚矣！

由依報以顯修德

「所處宮殿、衣服、飲食，猶如他化自在天王。至於威德、階位、神通變化，一切天人，不可為比，百千萬億，不可計倍。」

依於本然而論，則一切生命的源頭是為同一，惟一旦落為差別相時，彼此的差異則有天壤之別。若無法對宇宙人生有確然的體證，則一切差別相終將成為彼此評比之所在，而為人的煩惱也多在此差別相中而無法突破。簡言之，大多數之人也多在差別相中或傲慢、或喪志。於是，凡對於諸佛菩薩的心境能有聽聞者，或得以親近善知識者，則多能以斷惡修善為初步目標。若能終生力行五戒、十善，則其將來果報亦當可以預知。

在現實的世間中，無一不是差別相的呈現，亦以是而知：如何能具有較佳的福報之相，顯然是一重要之事。因於，為人自一出生，其所處的環境乃至得遇的家親眷屬等，對其未來成長皆有某一程度的影響。除非，是乘願再來的諸佛菩薩有其特有的因緣，否則，過於困苦的環境，於學習聖道亦有其困難之所在。

於極樂世界中，一再地描繪天人所享有的福報絕非是人間可以想像的，如是的真正用意，是在說明：由依報的莊嚴可以彰顯修德的內涵，簡言之，相是依於心念而現，相是修德有成的明證。如：佛所具有的三十二相，乃是佛德圓滿的自然所現，故一一之現皆有其所蘊含之深義。

十九、受用具足：能所受用，自在豐足、隨意所須

自受用與他受用

「復次極樂世界，所有眾生，或已生、或現生、或當生，皆得如是諸妙色身，形貌端嚴，福德無量，智慧明了，神通自在。」

為人自一出生，即與所處的環境、人事有極其密切的關係，然於另一方面，個己的智慧與行事，也將決定所處的環境與人事。簡言之，若自身的能量弱，則個己將受到環境與人事的影響，反之，若個己的福德、智慧強，則個己將可轉變周遭的環境與人事。顯然，對於修學者而言，首先是要得自受用，當個己的見地能有所突破，乃至具有無量的福德，如是，才有可能嘉惠更廣大的群眾。

且觀極樂世界的種種描繪，其雖一再地陳述各種殊勝莊嚴的人事等，實然其所用意仍在於：一切學人終須努力修德，唯能真實具有信心與願力，並持續以行之，當自受用漸為增長堅定時，則仰仗佛力的接引亦自然以成。

雖言努力修學可以先獲得自受用，然又不可諱言的，在整個修學的過程中，個己是否得以自受用，實然亦不可離開所修學的環境與人

事，簡言之，所謂的自受用，絕非是不理其他的一切事務即可得之。在現實的環境中，如何能於嘉惠他人之時，於己又能不有所妨礙，此無疑是最兩全的方式。但若無法兩方皆具全時，此中，仍不宜於己損傷太過，否則，在自受用全然是不可能的同時，於他受用亦將更是不可能。

得隨意所須的豐足受用

「受用種種，一切豐足。宮殿、服飾、香花、幡蓋，莊嚴之具，隨意所須，悉皆如念。」

對於有心修學者而言，若能明證宇宙與我同體，若能觀得一切差別相其源皆是空性，則人生在世，不論其所處的環境與人事況狀為何，大抵其心中是多能有分瀟灑與自在。然又不可諱言的是，若能得一切的種種受用，皆是豐足而隨意所須，則其將更具有助人的力量。以是而知：若缺乏受用的豐足，雖言於己或可淡然，但於諸佛菩薩的利生工作，無疑是有其不便之所在。

顯然，為人若不能具有多元又豐足的資糧，恐亦難在社會上有其一穩定的立足之地，此不論是於己或為利他皆然如是。於此，諸佛菩薩已為後人示現種種的榜樣，其將一生的智慧與福德，與眾生共享，於自身僅保持最低的生活條件，正因將一切與眾生共享，才能擁有更多的資源以利益他人，此即是佛門一再地強調布施的重要性，更有:「越施越多、越多越施」，以是說明：廣修供養是為修學的一重要功課。

佛法是因緣法，正所謂是「此生則彼生」，有因則有果，簡言之，想得豐足的一切受用，則先要能力行無私的布施付出。且在菩薩的修學上，布施更是一種捨離心的養成，而為人首先要去除的就是自我的貪瞋癡慢疑。若能以布施長養利人之心，以捨離心遠退驕慢，如是自能得隨意自在。

得大自在的飲食之道

「若欲食時，七寶鉢器，自然在前。百味飲食，自然盈滿。雖有此食，實無食者。但見色聞香，以意為食。色力增長，而無便穢。身心柔軟，無所味著。事已化去，時至復現。」

世俗有言：「民以食為天」，對於一般的百姓而言，工作的目的，大抵先以基本的經濟為考量，簡言之，生命的存活與否，飲食是重要的關鍵之一。於前人有言：「要為工作而生活，不是為生活而工作」，惟如是的理想，通常也必須立於可以求得足食為本。顯然，食物的取得與享用，對於常人而言，仍是生活的首要考量之一。

目前在全世界上，因於極端氣候所造成的糧食問題，可謂日益嚴重。於是，或有以「零廚餘」為目標的團體，或有建立「食物銀行」將食物分享於所須之人，或有致力於善用「醜蔬果」以嘉惠各弱勢團體，更有應用科技方式將蔬菜種植於高樓裡，以恆溫控制而不受天候的影響等。如是的種種，皆可見人類對於糧食的危機，可謂早有思慮與準備。

於現今全世界的環境裡，有的國家是食物浪費甚為嚴重，但有的國家卻是人民飽受飢餓之苦。顯可得見，並非是食物不足，而是分配不均，惟如何才能達成「零飢餓」的目標，此中，攸關的問題層面甚是廣泛。然，於現今之人，可以力行的就是改變飲食習慣，若能以「蔬食」為主，則將會有不同的結果出現。

一切皆然自在的環境營造

「復有眾寶妙衣、冠帶、瓔珞，無量光明，百千妙色，悉皆具足，自然在身。所居舍宅，稱其形色，寶網彌覆，懸諸寶鈴奇妙珍異，周遍校飾。」

對於生活而言，人們總無法離開食衣住行。除飲食的無缺之外，若能在飲食上能以不傷害其他生命為要，則如是的飲食才可得真實自在，亦唯有如是的飲食方式，才是最符合大自然之道。當人類在飲食上能得自在之時，則於其他方面，不論是衣服乃至居住環境等，相信只要能以慈悲、智慧為考量之下，則一切的所受用實然是可以如經文所言:「受用種種，一切豐足」。

惟細觀自己的生活，乃至周遭的一切人事物，通常不是因於生活條件不足，而造成生活的困頓或煩惱，實然大多數是因於貪心與欲求不滿所致，乃至有想獨佔甚至是霸權的心態，以是，才產生更多的紛爭與非理性。若是人與人之間，家與家之間，乃至國與國之間，皆能互為相倚相靠，彼此相輔相成，同享共有共榮，達至共生共存，則極樂世界的描繪，實然是可以在現實世界裡示現。

大自然的資源本是屬於全體的，是理應共享的。然若是彼此群爭，則資源只會減少不會增多；反之，若互助互成，則資源不但可以廣佈卻又不會減少，如是的理念，已有甚多個人與團體正努力進行著，當他日得能達至全世界皆然如是之時，則自有不同的風光現前。

二十、德風華雨：德風徐起、溫雅德香的清淨大地

耳得妙音的環境營造

「其佛國土，每於食時，自然德風徐起，吹諸羅網，及眾寶樹，出微妙音。演說苦空、無常、無我，諸波羅蜜。」

在大自然中，可以說是：時刻都充滿著各種聲音，即或是在看似四下無人之際時，若能靜下心來聆聽，似乎仍有其另一種無聲之聲。尤其是在夜深人靜之時，書桌上的鬧鐘，它正一秒一秒著滴滴答答地發響著，至此，才發覺原來它的聲音是如此的引人注意，甚至會干擾到讀書的寧靜，然它的規律之聲向來如是，只因白天的吵雜而被掩沒。

在人類的社會裡，最直接的溝通方式，就是通過語言、文字以傳達彼此的思想或觀念，然語言、文字的傳達仍有其限，且再加上表達技巧的擅長與否，如是皆攸關著訊息傳達的準確性。尤其是藉由第三方的傳達，往往也因於傳達者的說話聲量、語速、表情等，因之所導致的誤解發生，亦時而有之。

人大抵是感情的動物，通常可透由聲音以傳達內心的感觸，也可經由對方的言說內容與表達方式，而感同身受。惟於今的世代，聲光媒體的發展技術可謂一日千里，然關鍵在其所傳達的內容為何？在現

實的世界裡，如何傳播正向的思想乃至行為，無疑是大眾的共同心願，只因於人是具有模仿的能力，善出則善入，同理，負面亦然如是。當大眾更能體悟不間斷地修習所產生的效果，則才能促使更多的人投入於良善的傳播與轉載。

鼻得妙香與身得妙觸的揀擇力

「流布萬種溫雅德香，其有聞者，塵勞垢習，自然不起。風觸其身，安和調適，猶如比丘得滅盡定」

在極樂世界裡，一切的所聽皆是正法妙音，除此，於鼻根之所嗅則是溫雅德香，於身之所觸則是安和調適。如是的種種描繪，皆在說明：影響個人的思想觀念乃至言語、行為，無一不與其常日所見、所聞、所嗅、所嚐、所覺、所知有密切的關係。為人實然無法單一的個體存在，人與人之間是互為學習模仿的，人與環境之間更是互為影響的，以是，不論人或事乃至物，顯然，無一不互為彼此具有連結的關係。

人是極為敏感的動物，我們不但深受聲音的干擾，對於味道更是好惡明顯，人們總是趨向自然的香味，而厭惡腥羶乃至濃烈刺鼻的味道。於生物之間，更是嗅聞彼此的氣味，以判定對方的良善與否。

人與人在初接觸的當下，其人所流露的眼神、氣質乃至相貌與聲音等，皆是代表某一種訊息，以是，有所謂的「人相學」，即是依其人的種種外在表現，以判斷其內在的面向。亦可言：由人常日所接觸的一切種種，實然可對其人產生某些程度的影響，故所謂的氣質，就是其人在一長時間的習染之下，所自然的流露與表現於生活的細節上。

想來：所有的人都希望能得有如諸佛菩薩般的特德，則其入手處亦當對所接觸的一切要有智慧與慈悲的揀擇。

眼得妙色的自制力養成

「復吹七寶林樹，飄華成聚。種種色光，遍滿佛土。隨色次第，而不雜亂。柔軟光潔，如兜羅緜。」

人自一出生，六根接觸六塵境界，無一不是在學習著，也時時都在接受人事境緣等的影響。尤其是嬰幼兒時期，其彷若就是一張白紙，也彷若是一塊海綿般，且又如世俗所言：「先入為主」，一旦所習染的成為習慣之後，要想再改變通常並不容易，也因此，如何在學齡前即養成其良好的習慣與品德，可謂是為人父母者所最關心之事。

人先天具有高度的學習模仿能力，若仔細觀之，幼兒的習慣與言語方式，大抵是模仿與他最為親近之人，正所謂是身教重於言教。如：父母親對待祖父母的態度，孩子必然也是如此地學習著，此中，實然就是行為模式的再造。

在所有感官活動的接觸中，眼見色所產生的作用，可謂是最為直接的。誠如老子所言：「五色令人目盲」，尤其在現今極度注重聲光媒體的環境中，如何得令所接觸的種種色光，是可引人趣向良善的、慈和的，而非是令人眼花撩亂、擾動心神，乃至是引起物欲的，此於，所有的學人皆可謂是一大挑戰。

或許，當隨著年歲的增長，理應更有能力揀擇所想觀看的種種，以是，凡對於性德上有所擾亂的一切書籍或影片，能具有深度的自制力外，除此，若能興作良善的著作與環境的營造，無疑更為加分。

對極樂世界的期盼

「過食時後，其華自沒。大地清淨，更雨新華。隨其時節，還復周遍。與前無異，如是六反。」

人無時不受環境的影響，以是，人們對於特殊的環境總是發自內心的讚嘆，如：人間仙境、鬼斧神工、風景如畫、四季如春等。於今，更有適宜居住地排行榜的評比，惟此中，除自然環境的保護之外，尚包含：治安、友善與便利性等。顯然，如何營造更好的人事與環境，可謂是全體人類的共同心聲。當隨著科技日益進步之時，人們也更在意與生活品質相關的問題，於是，各種心靈的成長課程也因應而生，如是，皆可看出人們確然有嚮往極樂世界的心態與期願。

當人們更有警覺：環境所反餽回自身所造成的各種影響之時，人們也能更在意如何減少環境的負擔，於是，如何先從日常生活的食衣住行入手，也就成為現今的熱門話題與行動模式。人們永遠在等下一次的更好，於是，如何永保雨過天晴，如何穩定地球的溫度，如何擁有更好的空氣、水源等，如是的相關問題，人們也已然知覺，唯有先從自身做起一切才有可能。

如經文所言：「大地清淨，更雨新華。」當人們在經過一天的疲累之後，無不期待著：一場洗澡、一頓晚餐、一段心靈沉澱之後，才能再充滿活力以迎接下一個明天，若能如是的一天又一天，亦誠難能可貴。

二十一、寶蓮佛光：諸佛放光說微妙法，安立無量眾生於佛正道

百千億葉的蓮華

「又眾寶蓮華周滿世界，一一寶華百千億葉。其華光明，無量種色。青色青光、白色白光，玄黃朱紫，光色亦然。」

於今的世界，是一個講究品牌品質的社會，各單位團體更為自身所建立的品牌形象，無不付出甚多的心血與努力。於是，不論是商品的呈現，乃至文稿的發佈，品牌標章就是一種信譽的保證。於是，為因應如是的現象，也為保護各自品牌的權與利，相關的商標權與智慧財產的觀念亦如是而生焉。

惟最能代表佛門的標誌，無疑的就是蓮華。佛門特以蓮華為其象徵意義，除取於蓮華是出污泥而不染之外，更因蓮華是華果同時，以喻因果雙舉。對於修學者而言，佛法實然就是世間法，是如何在世間待人、處事、接物的過程中，能永保清淨的本心，簡言之，佛法的出世態度，是因於對世間法的淨化所得，故如禪宗六祖惠能大師所言：「佛法在世間，不離世間覺」。

又如經文所示：「一一寶華百千億葉」，簡言之，一蓮華有百千億葉，顯然，是於每一葉中，再延生無量的葉片，如是的蓮華，則誠可

謂是千葉蓮華。以此，象徵在修行證果的過程中，必須仰仗無量無數各方的護持與助力，才得以開出盛大充實的華果。由如是因，必得如是果，此是佛門的根本大義，凡有心修學的人，對任何一微細的起心動念，皆要謹慎觀照。

處於世間而不染世間的修行

「復有無量妙寶百千摩尼，映飾、珍奇，明曜日月。彼蓮華量，或半由旬，或一二三四，乃至百千由旬。一一華中，出三十六百千億光。」

若以蓮華代表自心，則如何才能得令自心如蓮華般地出污泥而不染，如是的功夫修成，正是佛法的根本修行所在。蓮華之所以特為佛門所重，主要是取其所處之地，乃是一極為污濁泥濘，甚至可以說是永遠無法清除乾淨的，但蓮華的鮮潔高雅卻是由如是污泥之中而獲得最好的養分，以是，當其挺出水面之時，其清姿妙容早已令人忘卻其原處之地。

人的一生，如何才能成就圓滿的德性，顯然，若是僅自處於極小的空間，在自我的舒適圈中自滿意得，如是的自以為是，是禁不起任何的考驗，此彷若是溫室中的花朵，是難以抗禦寒冷的嚴冬。且觀人的一生歷程，惟隨著人事物的歷練越豐富之後，才能漸次養成謙下與調柔的態度，如是，實然並非是偶然以成之，所需要的就是不間斷地歷練再歷練，亦唯有終其一生的精進與學習，才能永保於修行之道上的不退轉。

在極樂世界裡的蓮華，是有大有小的，如是的象徵意義則代表著：

修行是一條永無止盡之路，心念的起動能具有多微細的觀照能力，此中仍是有其高下之分的，即或習氣已得以降伏，但自我的微細心念，亦唯有自心才能覺察之，此即是用功之處。

相好莊嚴的氣質培養

「一一光中，出三十六百千億佛。身色紫金，相好殊特。」

人與人之間的相處，是彼此互為影響著。尤其是初次的見面，最能感受到的就是對方所呈現的樣貌與談吐氣質，此中，隨著人事歷練的豐富之後，即使是極為短暫的交談與對話，仍可由中透露出對方的若干習氣與執著，且隨著相處的時日漸久，如是的觀察則越發的明顯與確定。

佛已為後人闡明：三十二相、八十種好，此即是修行的目標。如何因自身的修行有成，得令初次見面者，即能感受到自身的良善心態，並願與我們共同學習成長，此無疑是所有修學者所應努力的方向。凡有心修學者，或可以先由觀仰佛像開始，有關諸佛菩薩的造像，雖各時期有其不同的特色，然不變的是，諸佛菩薩所顯露而出的柔光與相好殊妙，則確然可為後人的學習榜樣。

相由心生，此為確然，但亦不因此而執著於外相上的營造與表現。殊不知：或有些人，外貌雖看似凶惡，但卻是心地柔軟。或有些人，言說談吐甚是得體，但其行事卻未必然如是。或有些人，行事之始信心滿滿、充滿熱忱，但時日一久，即心生厭倦而退離。或有些人，外表長得高大挺拔，但卻心志薄弱，禁不起些微的誘惑。或有些人，看似柔弱，但卻肩扛家庭經濟大任。總之，對於他人所呈顯而出的相與氣質，仍須有更多方的觀照。

安立衆生於佛正道

「一一諸佛，又放百千光明，普為十方說微妙法。如是諸佛，各各安立無量眾生於佛正道。」

人的一生雖言短暫，然若能善盡良知良能，普為利益眾生而精進努力，如是的一生實然亦可堪安然。且觀歷代諸佛菩薩們，早已為我們如是的示現：其圓盡所有的智慧與福德，想方設法地走入群眾的生活中，與眾生的生命互為相融成一體。對於眾生的食衣住行乃至育樂等，無一不細微觀察，提供種種物質，提供心靈輔導等，可謂由生至死的過程，皆無一不照顧著。

如經文所示：「諸佛放百千光明，普為十方說微妙法」，佛光的普照，是一平等的慈柔之光，此中的重要關鍵在：諸佛放光以利益眾生，惟其心已然是如如不動、清淨無染，其對眾生是一種自在的攝受接引，故諸佛才能「安立無量眾生於佛正道」上。然世俗的眾生則不然，即或有心行持菩提心，亦通常仍有所執與所分別對待，難以達至無拘無礙的心境。

當相關的慈善與社會服務團體，如雨後春筍般的出現時，此一方面代表著願意投入志工行列的人數增多，然社會的資源畢竟有限，一旦彼此性質甚為相近的團體，其所能募得的款數亦可能互為消長，此亦是必然的現象。顯然，唯能立足於眾生自身的提升上，使之各各皆能安於佛之正道，才可謂是究竟的圓滿。

二十二、決證極果：心平等、境平等，住正定以證佛果

於一切處境的平等

「復次阿難！彼佛國土，無有昏闇火光日月星曜晝夜之象，亦無歲月劫數之名。復無住著家室，於一切處，既無標式名號。」

在現實的社會裡，是處處充斥著不平等，也可以說：對於大多數的人而言，不平等是一種正常的現象。或也可以說：人們是喜歡不平等的，以是，為人的一生，總是在追求著另一個層次的高位，於是，處於高位者則自以為高，擁有財富者則自以為富，其高與其富，除是一種身分的象徵之外，似乎也是一種對自我的肯定。

在今時的世代裡，有企業的排行榜，有富豪的排行榜，還有名校的排行榜等，不論是哪一種排行榜，皆在透顯著某種追逐與趨勢。人們不但相信排行榜，也可以說甚是在意排行榜的列名次序，尤其在現今的網路時代，更有人氣指數的排行榜，顯然，也因於排行榜的變動無常，於是，人與人、國與國之間，彼此的關係也只能更為對立與緊張。如：豪宅區與貧民區的界分，有時是同在一城市裡，且彼此僅相隔一條街而已，但卻彷若是兩個世界，如是的景象，於全世界可謂是

比比皆是。

惟人畢竟是有理性與智慧的，人也畢竟是有先天本具的善性與慈心的，如何才能開啟擁有者能協助弱勢者，以促使社會更趨於穩定與安和，此無疑是大眾的共同心聲與願望，也是祥和世界的第一步。

得享心清淨的最上快樂

「亦無取捨分別，唯受清淨最上快樂。」

佛法以心為重，故凡一切外境所現的人事物，無一不是依心而現起，以是，若能心得清淨，則一切外境亦自能平等。顯然，所須最用功的地方就是心，且觀歷代的祖師大德們，覽其所留下的各種論義，大抵是以強調自我心性的修養為最關鍵。又如：「心淨則佛土淨」，更直明所謂的淨土，實然就在當下的心淨之時即是。

然在現實的待人處事與接物的過程中，六根在接觸六塵境界的當下，我們的心是十分動盪的，也可以說：反應是非常快速的。尤其是聽到批評的言論，於第一時間通常是會與對方辯駁一番，倘若不能如是，又擔心容易促使對方誤以為自己是承認的。於是，回應或不回應，且又將如何的回應，在如是往返思索的過程中，一顆心實然早已是七上八下。

如經文：「無取捨分別，唯受清淨最上快樂」，此正是學人需用心之所在，不論是辯與不辯，事實就是事實，若對方所批評是正確的，則吾人自當改之，反之，若是不實的言論，亦將隨時間而消退。如是表面看似容易處理之事，但卻是常人所難以做到的，故終究是輪迴的人多，得清淨心的人少，也就不足為怪矣！

當在人生有所歷練之後，終將發現：原來人生最難能可貴的，不是一切外在的名利權勢等，實然就是在萬緣放下之後，所獲得的一片心地的明朗與清淨。

以正定破除顛倒妄想

「若有善男子！善女人！若已生、若當生，皆悉住於正定之聚，決定證於阿耨多羅三藐三菩提。」

佛法強調修學的階次，簡言之，在整個修證得至成佛的過程中，如何判別正或邪是一重要的關鍵。佛法強調因緣果報，以是，若言無有果報之說，則是違反佛義。此於佛門中有一著名的公案：只因回答「不落因果」，即得五百世的野狐之身，終在百丈禪師的「不昧因果」，而度脫之。此中，所相差的一字，卻造成極大的不同結果。

在現實的人生中，個人因於生長環境背景的差異，更因於所受的教育、文化與宗教信仰等的不同，於是，在處世的過程中，將會面對各式各樣的不同人生觀、價值觀等。此中，若自身無有定力，且又處於極容易受到同儕影響的年紀時，往往人生的走樣亦在此時，故青少年雖言是人生的黃金期，卻也是重要的關鍵期。

於佛門而言，除肯定因緣果之論外，又以因果通三世，乃至有「十法界」的階分，以此說明：生命是有未來世的，故是「不斷」，然因緣是變動無常性的，故是「不常」，不斷、不常就是佛法的根本法義。

如經文：「皆悉住於正定之聚，決定證於阿耨多羅三藐三菩提。」於修學過程中，唯有正定的養成，才能促使在極為複雜的人事環境，能破除一切的顛倒妄想，以得究竟的佛果。

❀ 正知正見的建立功夫

「何以故？若邪定聚、不定聚，不能了知建立彼因故。」

佛法強調正知正見，若以現今的語言方式則是：思想觀念要正確。惟如何才可謂是思想觀念的正確，尤其在處於如是多元文化、價值觀的環境裡，如何才能稱為是正知正見呢！於《法華經》特有明示：「佛是以一大事因緣故出現於世」，此中所謂的一大事因緣，即是佛為眾生「開、示、悟、入佛之知見」，顯然，凡夫眾生的思想觀念層次，通常是為各己之私，但謀一世現前的人事物而已。佛以是為眾生慈示：有無量的法界，有無窮的時間，且一切眾生本來就是佛。於佛門而言，如是的知見建立，才是正知正見。

如前之經文：由正定之因，才能得證無上正等正覺之果。同理，若是依於邪知邪見之因，自是無法得證究竟佛果。至此，佛門所強調的因果觀念，不僅僅是觀照於日常的斷惡修善而已，於佛果的修證上亦然如是。

處於當今極為複雜的時代裡，媒體所發揮的影響力可謂是無遠弗屆，然也正因於傳媒的快速與內容的多元化，此於初學者而言，如何才得以能辨別出正知正見，乃至得以親近確然實修實證的善知識，誠可謂是難上加難。只因，外緣一切的誘惑層面與力量，若無有深度的定功，決然是無法抵抗的，至此，更顯出修學的不易與獲得正知正見的可貴。

二十三、十方佛讚：諸佛稱讚，令生信願，令得妙果

共向文明的路程以進

「復次阿難！東方恆河沙數世界，一一界中如恆沙佛，各出廣長舌相，放無量光，說誠實言，稱讚無量壽佛，不可思議功德。」

自有人類歷史以來，人類為求生存，乃至為生命的延續，以及生活的便利性等，人們無不隨時努力地在改善所處的各種生活條件。如：人類是由茹毛飲血開始，以至逐漸知道使用火焰，在改變飲食的方式之後，人們的生病情況亦為之有所改善。簡言之，在人類的文明發展史中，是有所謂的文化英雄，意指因其人的發明或帶領之下，發明新的器物，乃至新制度的建立等，此中即或帶有神奇色彩，但一皆是在說明：在人類的文明進程中，人類是永遠朝向更為文明的方向以進，此乃是無庸置疑的。

且觀古今中外的歷史，各時代、各區域各有其不同的聖人出現，其所要面對與處理的問題或有不同，但如何建立當是時的信心與共識，以共同完成共善共好的生活方式與生存條件，於此，則是無分東西南北的。

若極樂世界是人類共同的未來藍圖，則如何促使所有的人皆有信心以行之，此無疑是首要的關鍵。以是，如經文所示：一一世界中的恆沙佛，皆稱讚無量壽佛的不可思議功德。顯然，在現實的社會裡，若有良善的政策乃至發意，是要仰賴更多的人參與推廣，唯有耐心的說明與不斷地改善，才能創造更祥和的未來。

當一位共善的成員

「南西北方，恆沙世界，諸佛稱讚，亦復如是。四維上下，恆沙世界，諸佛稱讚，亦復如是。」

在現實的社會裡，有時人們是會安於某種現況的，於是，想改變舊習是不容易的，也或許有更多的人是不願改變的，其之所以會有如是的心態，除是因襲於固有習慣之外，更多的是對於改變之後的願景沒有信心，乃至不願信服是可以改善現況的。

例如：先由人們的飲食習慣開始談起，當人們已然習慣大吃大喝，乃至對生靈與環境已造成極大的傷害時，即或已有多數人能如是的覺醒，但或基於習慣難以改變，更多的是掩耳盜鈴而已。此時，若有更多的有志之士，願意挺身而出，更能身先士卒，以自身的力行經驗為之宣傳勸導，至今，已然略有成績出現，願意以蔬食為主的飲食習慣，已在全世界各地正被推廣著，只要能持之以恆，相信未來人類的飲食習慣亦將有更大幅度的改變。

如經文所示：對於極樂世界的稱讚，不但是於東方，乃至在南西北方，以及四維上下等，所有如恆河沙數的諸佛，皆共同稱讚其殊勝不可思議。凡是有心修學的人，首先要入手之處，實然是可以先由飲食習慣的調整開始，由一人以帶動一人，當其漸漸形成為一股風氣之時，其所能營造而出的氛圍，自然得令一方之人同感同入，如是的習慣天成，誠可謂是：共善與共好。

永持一念淨信

「何以故？欲令他方所有眾生聞彼佛名，發清淨心，憶念受持，歸依供養。乃至能發一念淨信，所有善根，至心迴向，願生彼國。」

在現實的人生裡，隨著人事的閱歷越多，自能感受到此中的酸甜苦辣，以是，如何才能離苦得樂，如何才能轉煩惱為智慧，此無疑是全體人類共同的心聲。顯然，若能有幸得聞佛聖之名，亦或能得知修學的方法，皆可謂是有緣者。惟當得聞佛名，又更能發淨信之念、至心修行，並以此修學所獲得的功德，全然迴向於願生淨土，此誠是善根、福德、因緣全具足者。

依於佛法的時間觀，時間是一永恆向前推進著，此中並無有過去、現在、未來的界分。然於人類的時間觀中，過去是已完成的、現在就是當下、未來是尚未發生的。惟時間的變動是剎那、剎那遷移著，以是，人並非是一年一年的老，也不是一日一日的老，而是剎那剎那的老。若細細觀照：所謂的過去、現在、未來，也只是對於每個當下的一種執著而已。

若能具有時間永恆推進的觀念，且以是回歸於自我的生命體現上，則所謂一世的生命歷程，也只是一場因緣起、因緣滅的過程，實然，真我的生命是永恆不變的。人們通常受制於有限的認知裡，以是，若能得聞佛的知見，更且依教奉行之，此不但是佛法所稱的有緣人，更是佛已然在度化自己。

得不退轉的妙果

「隨願皆生，得不退轉，乃至無上正等菩提。」

在人世的社會裡，有其所制訂的一切規章與法則，也有依於不同區域所形成的某種價值觀，於是，生活於其中的大多數人，亦多在如是的價值取向中努力生存著，且生命的觀照與生活的安排，亦大抵如是進行著。於是，人們一生的努力奮鬥皆以達成如是的目標為所求與所得，若能如是的求得與擁有，或者也堪值得告慰自己的一生。

當為人年歲漸至四十之時，如孔子所言：「四十而不惑」，至此，於人生的方向理應有所確然不再飄忽。然於此同時，亦多能感受到生命的短暫與流逝變動的快速無常。若能以如是的生命經歷，再反思於真我的生命體，則剎那生滅的生命，雖言是緣生、緣滅，但自我的一念淨信，將成為解脫的重要關鍵。故如經文：「隨願皆生，得不退轉，乃至無上正等菩提。」唯有能恆持於一淨念，真信切願永恆地投入於真我的本懷，則其餘的一切人事物，或亦自能迎刃而解。

修行是為證果，此是佛法不同於一般的學術論說，惟如何才能確實做到，以一淨念得不退轉，乃至成佛度眾生，此中的關鍵，仍不可離於人事物的歷練，簡言之，亦唯有襄助所有全體的成就，才有自有得成之期。細思佛為眾生開演淨土之真義，無非是要眾生保有當下的每一淨念即是。

二十四、三輩往生：三輩因行，淨心、淨念往生勝妙果德

捨家去欲的上輩因行

「佛告阿難！十方世界諸天人民，其有至心願生彼國，凡有三輩。其上輩者，捨家棄欲，而作沙門。發菩提心，一向專念，阿彌陀佛。修諸功德，願生彼國。」

佛法的根本要義，在依於因緣果而呈現不同的外相，簡言之，不同之因、不同之緣，自有不同之果的產生。若言極樂世界是人類所終極企盼的願景，然又當如何才能如是地呈現之。此中，依於經文總列分有三輩，其上輩者所須修行的功德有：「捨家棄欲，而作沙門。」人最難放下的就是自私自利，以是，若能去除自我五欲六塵的享受，能去捨貪瞋癡慢，以行持於清淨的梵行，此無疑是與淨土互為相應的初步。

唯當人類已然習慣於現前的雜染世界，已然習慣於爭鬥計較的現實社會，且一旦習染日久，或執以為此即是正常的狀況。故對於：「發菩提心，一向專念阿彌陀佛，修諸功德，願生彼國。」則將視之為虛妄不實，甚且以為如是之人，是一種不負責任、逃避現實的人。然依於經文之義：此輩往生之後，將具有「智慧勇猛，神通自在」的果德，

亦唯有具有智慧自在的果德，才能在現實的人生中，無所分別地利益眾生，而又能不執取任何的回報，亦唯有如是的行持能力，才能真實達成出入生死而毫不畏懼，才能遊戲自在而得不退轉，是為佛之本懷。

修善願生的中輩因行

「其中輩者，雖不能行作沙門，大修功德，當發無上菩提之心，一向專念，阿彌陀佛。隨己修行，諸善功德，奉持齋戒，起立塔像，飯食沙門，懸繒燃燈，散華燒香，以此迴向，願生彼國。」

對於大多數的人而言，人生總有難以割捨的人事物，尤其是自己所愛的家人乃至工作等，以是，佛亦能通曉眾生的習氣，為能接引如是之人，佛亦廣開方便門：即或不能如上輩者的捨家棄欲，但若能於日常生活上，行持布施、持戒，乃至精進專念佛之聖號者，如是之人亦將蒙佛的攝受導引而往生其國，唯其人的功德智慧是次如上輩者。

顯然，淨土的得生與否，關鍵在自己信願的有與無，若能真信、切願且又力行一向專念，則自能與佛相應，而修諸善法，亦可謂是增進信願的助力。對於大多數的人而言，大抵皆須仰賴依眾靠眾，若能與志同道合之人同願同行，不但容易增長信心，且若有退轉的跡象，也較能在大眾的勸勉之下而回心轉意，故在佛聖的修學道上，信心的增長與不退轉，實然可謂是一大考驗。

如何面對一切的境緣，又如何面對自心的脆弱，佛的教導總不離：「一向專念」，顯然，此誠可謂是最佳的一帖良方，不論得遇的是善緣惡緣或順境逆境，若能於第一念之後，於第二念即能提起佛號，此無疑是最為方便的修行方法。

信樂不疑的下輩因行

「其下輩者，假使不能作諸功德，當發無上菩提之心，一向專念，阿彌陀佛。歡喜信樂，不生疑惑。以至誠心，願生其國。」

這是一個五光十色的世界，也是一個隨時都充斥著各種聲音的世界，更如世俗所言：「一樣米，養百樣人」，簡言之，不僅僅是各有不同的膚色、種族等，更多是不同的風俗習慣，乃至不同的教育與宗教等，這也是一個充滿著令人永遠都探究不盡的世界。

且觀眼前所有能相處與觸及的人們，實然是各有不同的觀念與行事風格，此中，有人終其一生以積極努力的態度為社會注入正向的能量，然另有些人，卻也為大眾帶來極大的傷害，其中的業因果報實難一語道盡。

同理，對於求生淨土的信願與行證，實然亦是各有不同的福德因緣，然即使是下輩往生者，其雖不能作諸功德，但於淨土的信念，仍必須具足「歡喜信樂，不生疑惑」，亦以是而知：信願是決定往生的關鍵條件，至於，所具有的功德智慧亦當不如中輩者。

生命的無常，實然就是生命的常態，稍有人生經歷者，對此理應多所感觸。然生命的可貴，亦在每個生命都是不可被取代的，惟如何在諸佛菩薩的教導之下，將人事的紛爭降至最低，將生命的精彩發揮得淋漓盡致，即或是在臨終的一念，亦然如是地保持正向，為一期生命畫下最美好的句點。

淨心淨念的大乘往生因行

「若有眾生住大乘者，以清淨心，向無量壽，乃至十念，願生其國。聞甚深法，即生信解，乃至獲得一念淨心，發一念心，念於彼佛。」

在人事物極度紛雜的社會生活著，若想保持一念的清淨，實然是甚為不易之事。尤其是面對突如其來的震撼，大抵人心都是處於慌亂的情緒中，此中，不論是個人或是群體，如何保持心念的正向是一重要關鍵。如何在已然發生的不幸之事中，能以最具理性與智慧的方式處理，以避免更多的負面與錯誤，此無疑是在考驗著所有遇事者的定力與觀照力。

如經文所示：「一念淨心，乃至十念」，為人最難的就是在極度慌亂之下，自心尚能保持穩定、正向、清淨，亦唯有如是的正念清淨，才能在挫折中找到上升的動力，才能在困境中以智慧脫離危難。一如世俗所言：「養兵千日，用在一時」，所謂清淨正念的維持，若不能於常日即有如是的養成習慣，一旦臨事之時，則習氣的展露表現，正可謂是一覽無遺。

通常人在意識清醒之時，尚不能全然可以掌握得住自己的習氣，又更何況是在臨命終之時、在生死交關之際呢！然如經文：「發一念心，念於彼佛，此人於臨命終時，如在夢中，見阿彌陀佛，定生彼國，得不退轉，無上菩提。」顯然，依於常日的一念心，終將蒙佛加被接引。

二十五、往生正因：盡持經戒、精修十善與住於大乘的妙果

盡持經戒的正因

「若有善男子！善女人！聞此經典，受持讀誦，書寫供養。晝夜相續，求生彼剎。發菩提心，持諸禁戒，堅守不犯，饒益有情，所作善根，悉施與之，令得安樂。憶念西方阿彌陀佛，及彼國土。是人命終，如佛色相種種莊嚴，生寶剎中。」

在現實的生活中，每天皆有不同的人事物需要面對與處理，此中，實然已令人焦頭爛額。即或一天的工作暫告一段落後，仍須將自身的疲累洗滌一番，當身心得以有稍緩之際，此時通常多已夜深，已無有多餘的力氣，再好好地整頓於一天之後的心靈調適，大抵只想好好地入眠以待明日的行程，而人生也如是一日一日地度過。

若深具善根者終將發現：如是一日一日地度過，生活表面看似充實，但內心又似乎缺少什麼，於是，有關心靈的成長方面，在忙碌之中亦將撥出時間以充實之。若能如是而行者則將發現：原來生活與生命的動力，實然就是源之於此。故如經文所示：對於佛聖之教，將「受持讀誦，書寫供養，晝夜相續。」以如是的精進保持不退轉之心，更依於佛聖的教誨，能「發菩提心，持諸禁戒，堅守不犯，饒益有情」，

顯然，唯有自身能端正守戒，才能在為人群付出的當下，能真實達到自利利他。若能再如佛聖之行的「所作善根，悉施與之，令得安樂。」如是地不求代價與回報，亦才得以入於不求、不執的佛聖境地。

精修十善的自利得生

「若有眾生，欲生彼國。雖不能大精進禪定，盡持經戒，要當作善。所謂一不殺生、二不偷盜、三不淫欲、四不妄言、五不綺語、六不惡口、七不兩舌、八不貪、九不瞋、十不癡。如是晝夜思惟，極樂世界阿彌陀佛，種種功德，種種莊嚴。志心歸依，頂禮供養。是人臨終，不驚不怖，心不顛倒，即得往生彼佛國土。」

人生最難以改變的地方，就是既定的思想觀念。此中，最重要且核心的部分就是對於宇宙與人生的真相探究。於常人，或許可以先觀察眼前所接觸到的一切人事物，其所產生的前因，乃至現前的呈現與未來的變化等，顯可得見，任何人事物的呈現，決然不可能沒有其源，當一再地往上推究，則終將發現必有其共同的本源。此本源就是一切宇宙與人生的真相，簡言之，就是一切生命包含所有人事物的根本源頭。在此本源中，但見是一整全的生命體，故每個單一生命與單一事物的呈現，實然彼此本是互為關係的。若能對於如是的觀念，能深植自心乃至能入於言語行為上，則人生將有不一樣的風光與自在。

依於佛門的修學，戒、定、慧稱為三無漏學，由戒而定，因定開慧，惟一切的修學無非是要成就「慧」，然佛門的慧並非是一般的世俗知識，實然就是對於宇宙事實真相的體證。當體證越深者，則自能於常日間力行十善，只因：傷害他人就是傷害自己、成全他人就是成全自己。

❀忙裡偷閒的正念得生

「若多事物，不能離家。不暇大修齋戒，一心清淨。有空閑時，端正身心，絕欲去憂，慈心精進。思惟熟計，欲得度脫。晝夜常念，願欲往生阿彌陀佛清淨佛國，十日十夜，乃至一日一夜，不斷絕者，壽終皆得往生其國。」

淨土的呈現實然就是真正的自己，諸佛如來與自己其本是一，如是理念的建立，對於一般人而言，若無法長期的修學，實然無法契入如是的境地。若善根深厚者，於得聞如是的理念後，即終其一生地積極奉行不敢廢忘；次之者，雖無法大精進修行，但於常日間則持守十善，以令自身廣種善根得免於退轉；再次之者，因身外之事繁多，故無法保有一心清淨，但仍保有欲得度脫之念。惟修行的層次雖各有不同，但欲求向上提升之念是為一致，若如是之人能廣遍十方，此無疑是人世間最大的共同福報。

在現前的生活中，即使科技資訊已然可以日行千里，但人類又似乎無法得到更好的心靈享受，帶來的是更為忙碌的生活，且因於資訊傳播過於快速與頻繁，人情表面看似互往密切，但刻意的誤解散播又極易形成對立與加深怨仇。當對眼前的普遍現狀稍有關心者，則對於能在如是混淆的環境中，仍能保有一念的純善純淨，此無疑是最具有善心與善行者。顯可得見：佛聖有引導之心，但若學人無有志向與願行，則將是枉然。

心心念念的不退轉境地

「行菩薩道，諸往生者，皆得阿惟越致，皆具金色三十二相，皆當作佛。欲於何方佛國作佛，從心所願。隨其精進早晚，求道不休，會當得之，不失其所願也。」

大抵人是具有其先天本性，故一般人皆有其善心與善念，然如是的善心念又往往保持不久，無法常住不變，只要外緣環境稍有遷移，本具有的善心念也極為容易受到動搖。以是，在修學之道上，若能在行持自利與利他的菩薩道上，如何得令自身保有不退轉的心念與行持，此無疑是修學上的關鍵。

為人若能發心、切願，此或許較不困難，然如何維持其不退轉的初發心，恐怕才是難中之難。在現實的社會裡，若有心行持助人之事，可謂是極其容易的，但如何能有智慧且又恰如其分的利他，則甚為不易。學人即或有心行持菩薩道，也不可僅憑滿腔的熱心而已，此中，智慧與經驗的累積，多方的觀察與請益，亦實然是必要的。

如經文所示：「隨其精進早晚，求道不休，會當得之，不失其所願也。」一旦得以往生淨土佛國，自能立於不退轉地，此是依於果地而論，而其因地就是精進不休的修行。簡言之，在行持菩薩道的過程中，如何在與眾生的相待中，能深具智慧而不退轉，如是的一切，則皆須仰賴自身的修證以成，唯當能具有心心念的不退轉境地，或才可稱為近於菩薩心行。

二十六、禮供聽法：聽受經法、讚佛發願與聞名不退

禮供聽法以得人生的真諦

「十方世界諸菩薩眾，為欲瞻禮極樂世界無量壽佛。各以香華幢幡寶蓋，往詣佛所，恭敬供養。聽受經法，宣布道化，稱讚佛土功德莊嚴。」

人生最難得的就是能聽聞正法，然對於一般大多數之人而言，日常的生活實然已十分的忙碌，一旦能得有休息的時間，大抵希望能放鬆心情，以是，或郊外踏青旅遊，或三五好友聚會聊天，又或親子之間的陪伴相處等，此於人情是為必然，也可以說是一段難得的美好時光。

然人生真正要面對的課題，可謂五花八門，若不能擁有對於宇宙、人生事實真相的體察與瞭解，一旦在遇緣的每個當下，絕少是可以全身而退的。若是順境、善緣則容易興起傲慢、自恃之心；反之，若遭逆境、惡緣，則瞋恨、怨妒之心又總是翻騰不已。當如是的生活一旦成為習慣，則自身最深層的惡心惡念，也將日日時時在啃蝕著自己的純善純淨。以是，人性的至真、至善、至美的部分，不但無法呈現之，更有甚者產生對人性的懷疑與不相信，如是以人性為本惡的心念與心

行，實然只會將人類推往更為負面的方向。

惟諸佛菩薩的教化，即是為將人性的純善純淨之面呈現，然如是的信念與實證，若不能擁有長時的修學，是無法在複雜的人事境緣中而得真實的利益，故學人的第一步無非就是以恭敬心聽聞正法。

培養稱讚佛德的心行

「爾時世尊即說頌曰：暢發和雅音，歌嘆最勝尊，究達神通慧，遊入深法門。聞佛聖德名，安隱得大利，種種供養中，勤修無懈倦。觀彼殊勝剎，微妙難思議，功德普莊嚴，諸佛國難比。因發無上心，願速成菩提。」

在人的五官之中，彼此反應最快的無非就是：耳一聽聞之後，即由口宣說而出，以是，佛聖多有教化：多聽少說、沉默是金等，如是皆在告誡言語所可能產生的影響面甚廣。

同理，言語的宣說，若是可以安慰民心民情，是能興發善心善念，則言語所產生的功德亦將是無遠弗屆。簡言之，同為一張嘴，如何得令其產生正面的功效，此無疑可以先由讚嘆諸佛菩薩的功德開始。若對於眼前的人事難以開口，則可先對諸佛菩薩的相好莊嚴稱說歌讚，與對於經文教義殊勝的奉行不倦，如是，皆是在培養以口讚佛德與佛名的心行，一旦習以如是為常時，則於負面的人事將不願見之，也不想傳宣之，更不願放入心行中，如是的力行之，或能近於淨土的心行。

為人一生的目的，無非希望能過得幸福自在的生活，簡言之，人性的本然是趣向於真善美的一面，然如是願景是可以逐步完成的。如經文所示：對於諸佛國土的功德莊嚴殊勝，能具有敬仰心、往生心，以是，則自能願與諸佛同發一菩提心、同證一菩提。

生命發光發熱的價值與意義

「應時無量尊，微笑現金容，光明從口出，遍照十方國，迴光還繞佛，三匝從頂入。菩薩見此光，即證不退位，時會一切眾，互慶生歡喜。」

若細思人的一生，不論是富貴貧賤，總將不離於生老病死，也終將向此世間告別。於表面觀之：所有的生命看似有其共同的最終結果，然在整個人生的過程中，或是對人群有極大的貢獻與助益，亦或是造成周遭人事更大的麻煩與困擾，此兩者之間是有天壤之別。以是，雖言是短暫的一生，但所展現的生命風貌實然有甚大的差異。

為人若能於家庭孝敬父母，能傳承家風、擔負家計，培養教導品德良善的後代。於社會能貢獻良能，能善盡國民應負的責任等，如是亦可謂是好子弟、好良民。若能以此為基本，再擴而廣之於所能利益的多元層面，則將能體證如經文所示：佛光遍照十方，菩薩因見此光，即證得不退位，與會的一切大眾，也互慶而生歡喜心。簡言之，若將己身的良能與福報布施於群眾，則自身的生命也就是在發光發熱，而此正是為人的真正價值所在。

當細細地檢視所處的人事環境，則終將發現：隨著時間的流逝，不論認識或不認識，亦或是不論任何的原因，周遭的人終將一個個地告別離開，所能留下的唯有生命價值的傳承與意義，其他凡是有形的人事物，則是全然帶不走的。

受記就是心行與諸佛相應

「聞法樂受行，得至清淨處，必於無量尊，受記成等覺。菩薩興至願，願己國無異，普念度一切，各發菩提心，捨彼輪迴身，俱令登彼岸。」

人是具有趨吉避凶的本能，也深能體會如何的言語行事，才能真實有利於自己與他人。然為人即或有此認知，但在每個處境之下，自私的習氣終將成為自己的主宰，於是，多數之人大抵是以習氣為自己，更有以如是的習氣為個人的特色與豪邁，時日一久，但見習氣越養越壯大深厚，而純良的真我本性則已蕩然無存。

為人若能深具體察的覺照力，則終將發現：若想保持那一念的清淨純良，實然甚為不易，又尤其是身處於如是繁複的現實社會裡。於是，得能聽聞正法，以法入心、入行，此無疑才是人生真正最重要的工作。若能多將心思置於此處，或才能漸次領悟經文所示：「捨彼輪迴身，俱令登彼岸。」所謂的輪迴就是因於惡習氣所產生的負面影響，其終將促使由現前帶至明日的結果，一旦不願扭轉不良習氣，則惡果亦終將可被預測而知。同理，若能依法奉行，則自能相應於諸佛菩薩，故所謂的得蒙受記成佛，也同樣是一件當可預期之事。

當在檢視他人之時，若能多反身而求自己當下的每個心行，則終將發現自身的輪迴之因也正如實地呈現著，然這也就是學人所須用功之所在。

二十七、歌歎佛德：菩薩遍供諸佛，還國聞法得道，以成就善根

隨心歡喜的布施遍供

「佛語阿難！彼國菩薩，承佛威神，於一食頃，復往十方無邊淨剎，供養諸佛。華香幢幡，供養之具，應念即至，皆現手中。珍妙殊特，非世所有。以奉諸佛，及菩薩眾。」

雖言世間充滿著煩惱與困境，但同時也充滿著希望與慈悲，以是，如何將希望與慈悲極大化，以處理一切人事物所面臨的難關，此實然可謂是人生最大的意義與價值。在與人群的相處中，因於彼此所具有的思想觀念上的差異，以是形成行事風格與做事方法態度上的截然不同，故彼此之間亦極為容易產生衝突、嫌隙與對立。

惟如經文所示：「諸菩薩眾，復往十方無邊淨剎，供養諸佛」，以是，若學人能先習得對他人真誠的勸勉、協助乃至讚嘆，此無疑就是在力持菩薩的心行。或許可以先細思自身：是實然不願他人對自己有輕視、無禮乃至批評與攻擊之舉，同理之，則自身亦必然要先能禮敬他人、能無私地付出心力助人成功，如是，才可能有正向的往來。

所謂的供養，不必然是指實質的財物，無形的歡喜心，乃至微笑的面容等，皆將得令他人有美好的記憶。且觀：諸佛菩薩所現之相，

總是莊嚴殊勝、圓滿美好，亦必然能令一切眾生皆生歡喜心。同理，若學人能多所謹慎，學習諸佛菩薩將最美好的一面呈現，且能具有將負面收攏的行持力，此才可謂是在修行。

群華的無言說法

「其所散華，即於空中，合為一華，華皆向下，端圓周匝，化成華蓋。百千光色，色色異香，香氣普薰。蓋之小者，滿十由旬，如是轉倍，乃至遍覆三千大千世界。隨其前後，以次化沒。若不更以新華重散，前所散華終不復落。」

常言：「人同此心，心同此理」，此乃意謂著：人人皆有喜歡正向而遠離負面的共同心願。於是，若能予人方便，實然就是予己方便。或許此理易知，但於行持上，則當所面對的是已對自身造成傷害之時，如何能以智慧善巧化解之，乃至能轉化對方的觀念與態度，實然是甚為不易之事。

於佛門中，多喜歡以花供養諸佛菩薩，除花所具有的香氣普薰與繽紛的色彩之外，更重要的是：在觀賞群花的千姿百態中，實然得令心情放鬆，並產生美好的印象，且若能深悟其中之理，亦必能於人生有另一層的領解，此正所謂是：「無言的說法」。

大自然的奧妙與美好，在觀賞群花中可得其中之一二。即或彼此各有不同的品種，乃至所生長的環境各有差異，但不變的是，皆永遠將自身最美好的一面展現而出，此則為一致。有言：「蘭生幽谷中，不因無人而不芳」，以是，君子亦效法之，不因時窮而敗節。人的一生，最終所要面對的就是自己，外人的評判，通常僅能呈現一二而已，唯有自身能了然無憾、無愧，才最為踏實與自在。

妙法的長養不可懈倦

「經須臾間，還其本國，都悉集會七寶講堂。無量壽佛，則為廣宣大教，演暢妙法。莫不歡喜，心解得道。」

為人最值得慶幸之事，無非就是能得受教育。綜觀在人類的整個發展史上，即或是在尚未有文字出現之時，先民所最關心之事，無非就是如何將經驗傳承後代，於是有結繩記事等。當人類的文明漸次發展至某一程度時，如何培養各式各樣的專業人才，此無疑更是所有聖哲所最在意之事。即或科技資訊已發達至如今的現況，有關於教育的理念、目標與內涵等，可以說是全體人類的共知與共識。

對於多數已達開發國家的標準時，相關投入於教育的經費已然是有一定的比例，然人們除專業知識的養成外，實然更在意於對公共事務的關心與參與，簡言之，所謂的受教育，是往一種全人的教育方向在努力著。然所謂的全人教育，則意謂著是一種健全人格的養成，此中，必然包含對於人道關懷的同理心養成。故如經文所示：菩薩眾在往復十方無邊淨剎供養諸佛後，仍還其本國，集會於講堂，聽經聞法。此中的關鍵是：理念的深耕是不可偏廢的。

理念與行事，是一非二，通常勤於事者，則容易疏忽於理，總以為只要能做事即可。殊不知，若無有深刻的理念為支撐，一旦於事上遭逢挫折，則退心亦將隨之而出，學人於此，不可不謹慎。

趣往圓滿成就為修習動力

「此皆無量壽佛本願加威，及曾供養如來，善根相續，無缺減故，善修習故、善攝取故、善成就故。」

大抵為人對於善事通常能發同理心乃至願心，然圓滿的善果卻又極為罕見。此中，必有其殊多的原因，然總不出於由初發心至結果的過程中，通常會有退心的出現，乃至中間的半途而廢等，以是而知：諸佛菩薩的成就實然得之不易。故如經文：「善根相續，無缺減故，善修習故、善攝取故、善成就故。」如何才能長養自己的善根相續，不因一時的種種境緣而退轉，不但要能堅固道心，更重要的是：要能轉一切的境遇皆為增上緣，更能努力地修習、攝取，乃至更積極地趣向圓滿的成就而努力，此即是佛聖與凡夫的差異所在。

在現實的人生中，大抵多數之人，無不企盼著順利、成功與圓滿，然有因才能產生果，既然對於圓滿成就有如是的渴望，則如是之因又將如何播種之呢！此即如經文所言：「此皆無量壽佛本願加威，及曾供養如來。」若以現今的語言生態而言即是：「我為人人、人人為我」，唯有能為眾生無私的付出奉獻，才有可能得之於他人的全然協助，此理是為必然。

即或所得的反餽不如預期，則更應努力地廣修內德外功；更甚而上之，若能付出而不求代價、不求回報，才能真正更近於諸佛的圓滿心行。

二十八、大士神光：觀世音、大勢至菩薩洞視徹聽，利樂十方

善與己、他溝通

「佛告阿難！彼佛國中，諸菩薩眾，悉皆洞視徹聽，八方上下，去來現在之事。諸天人民，以及蜎飛蠕動之類，心意善惡，口所欲言，何時度脫，得道往生，皆豫知之。」

人與人之間的溝通，最主要的就是透過言語的表達，即或言語的表達有其限制，但言語仍是具有傳達心意的重要功能之一。在現實的社會裡，不論是人與人，乃至國與國之間，除書面的信件，以及正式公文的往來之外，更看重的是彼此在同一事件上是否能具有共知與共識。甚至有時雙方在尚未達成共識之前，往往須先透過中間人，傳達彼此可以接受的範圍與底線，此時，這位中間人則將扮演極為重要的地位。

人最難揣摩的就是對方的心意，且有時候言語未必就是真實心意的傳達，或許表面不明示，但卻心意已定；亦或有時，雖點頭默許，但卻又事後反悔。簡言之，在現實的社會裡，溝通是一門大學問，如何才能真實瞭解對方的心意，且能恰如其份的如其所願，可謂是所有人的功課。

修學的初步，無疑就是得令自己成為一個好溝通的人，只要不違背大方向與原則，於其他的小細節上實然是可以多隨順他人，不作無謂的堅持，不增多他人的麻煩與費心，如是，不但可以養成自心的柔軟，也可更添一分的同理心，更能促成事情得以圓滿的完成。

成為他人的學習榜樣

「又彼佛剎諸聲聞眾，身光一尋，菩薩光明，照百由旬。」

若能多觀察每一時期的重要人物，乃至某一團體的領導人，其意志力、其執行力、其決斷力，乃至其面對困境的應變力等，如是皆值得效法學習之。於佛門中，在修學的層次上，有佛、菩薩、緣覺、聲聞，乃至六道眾生，此中的差異，實然就是心思與行事圓滿度的不同所致。當一切皆得能圓滿具足，則稱為佛，故所謂佛，就是其所思、所行皆達圓滿的境地。此於儒學，則是能在明明德與親民上，皆能「止於至善」。

不同心行的人，其所呈現的氣質就是不同。氣質雖言是無形的，但其所自然流露而出的言語與舉止，多多少少可以是其內心的意念之一。此中，或許仍可以有做作的呈現，但只要時日一久，仍是難逃大眾的雪亮明眼。至此，或許更能體會：為人的一生，最難能可貴的，就是能得遇並親近學習的善知識。惟如是之人，大抵是可遇而不可求。若無法得遇之，但擇一過往聖哲以成為自己修學的典範，以得令自身能成為他人的學習榜樣，或許於人生將更顯得有價值與意義。

人的一生，實然甚是短暫，若僅是一日度一日，一年過一年，雖在表面上看似平靜，然彷佛又缺少生命的精彩與亮點，以是，佛聖將其一生投入對於其他生命的成全工作，確然是值得追隨與學習。

堅固道心以親近諸佛菩薩

「有二菩薩，最尊第一，威神光明，普照三千大千世界。阿難白佛：彼二菩薩，其號云何？佛言：一名觀世音，一名大勢至。此二菩薩，於娑婆界，修菩薩行，往生彼國，常在阿彌陀佛左右。」

人的一生，大抵是依於所處的人事環境為主要的生活方式與思考內涵，簡言之，人的所言、所行乃至所思，皆多少要受制於原生的環境。如佛門的「正報與依報」之論，且又在因果通三世之下，個人的正報是最為主要的因果呈現，依報則是隨著正報而轉。惟佛門所論的是因緣觀，故絕非是宿命論，只要個人的言行與心念轉變，則不論是正報或依報亦將隨之而不同。

如經文所示：觀世音菩薩與大勢至菩薩，於因地修行時，精進努力，故得以往生而常在阿彌陀佛左右。為人的一生，最難能可貴的，就是能追隨真正有修有證的善知識，若能得逢之，則終生奉侍不變志向，實可謂是人生最大的福報。然若無法得遇之，則更應努力奉行諸佛菩薩的教導方針，即或無有同伴同行，但於個人力行中更要能不退轉初心。然如是的道心維持，對處於現今環境的學人，實然更顯得是極為困難之事。當面對外界誘惑太強之下，如何抉擇所看、所聽的內容，實仍在自身的把持上，故道心的堅固與持續雖看似不易，但自我的意志力仍屬可能。

以利樂十方而去除我執

「欲至十方無量佛所，隨心則到。現居此界，作大利樂。世間善男子、善女人，若有急難恐怖，但自歸命觀世音菩薩，無不得解脫者。」

諸佛菩薩但為眾生得離苦，不為自己求安樂的悲心大願，是為一致的。但因於諸佛菩薩各所發的願力不同，以是，其接引眾生的方式亦各有不同。如：在東方的各國中，觀世音菩薩是常人最為耳熟能詳的菩薩之一，其悲心大願就是「聞聲救苦」，凡眾生得遇急難恐怖，在人力所不及之下，只要能專心一志地稱念其名號，觀世音菩薩將隨其音聲而現身救拔之，故有「千處祈求千處應」的靈感傳說。

學人在修學觀世音菩薩的法門時，首先就是要能有隨著任何機緣願意襄助他人的心行，且是不分國籍、種族與宗教等。如是的行持是去除我執的最佳良方，因於為人最難突破的，無非就是以己身為我，且隨著年齡的增長，對於「我身」更是強烈的執著，害怕我太勞累，擔心我受傷害，更有執於我要長壽等。如是等等，皆是堅固執著於「我」與「我的」，然如是的執著，也只能促使自己更為擔心與惶恐難安而已矣！

且觀諸佛菩薩以利樂十方為其大願，更發弘誓：眾生不度盡，誓不成佛，將一切眾生視同如己，此是諸佛菩薩的心行。惟對於學人而言，雖尚不及之，但多修習則為第一步。

二十九、願力宏深：一切眾生皆當成佛，且轉相教化

自莊嚴才能真實利益他人

「復次阿難！彼佛剎中，所有現在、未來，一切菩薩，皆當究竟一生補處。唯除大願，入生死界，為度群生，作師子吼，擐大甲冑，以宏誓功德而自莊嚴。雖生五濁惡世，示現同彼。直至成佛，不受惡趣。生生之處，常識宿命。」

人在孩童之時，大抵總盼望著能早日長大，可以找份工作以賺錢養己甚至養家，以是，人在年少之時，通常對未來的人生總是充滿著期待與希望。尤其是家境稍顯困難的孩子，其成熟度也較一般同年齡層更為明顯，此時，若能得助於他人的協助，且又有正向為之引導，則其回饋社會的願力也應可以被期待。

然或許也會出現若干的案例：一旦得自於社會的幫助日久，且習慣成理所當然，不但缺乏再振作的自助心，甚至可能尚會產生越索越多的狀態，乃至出現抱怨與不滿的情緒，顯可得見，即或有心利他，實然是更需要高度的智慧與善巧的引導。故如經文所示：「菩薩為度群生，以宏誓功德而自莊嚴」，顯然，唯有能先自我莊嚴，才能於任何環境之下而不退轉心行。

靜觀人的一生，由受他人的點滴之恩，乃至可以為他人付出心力，如是的歷程，實然就是人生的紀錄。如是看似理所當然的行進步調，卻也是甚為不易的一段學習經歷。惟隨著願力的宏大，所要面對的各種挑戰將更大，然此即是菩薩行者的使命與職責。

由一而十的轉相教化

「無量壽佛意欲度脫十方世界諸眾生類，皆使往生其國，悉令得泥洹道。作菩薩者，令悉作佛。既作佛已，轉相教授，轉相度脫，如是輾轉，不可復計。」

佛門所要達成的終極目標是證得涅槃（泥洹），涅槃以現今的語詞就是清淨。然常人或以為清淨即是不理世事，是獨自生活於深山人跡罕至的地方，然如是的清淨，也僅僅是一種自我的清淨，若以如是為所謂的清淨，則釋尊當年即不須行遊教化眾生，顯然，如釋尊的示現，唯有在廣度眾生的過程中，能於各種的順逆境皆能了然於心，如是的清淨，才是諸佛菩薩所要證得的清淨。

在人生的成長過程中，實然是甚為不易的一件事，一旦得能長大成人，則更應把握寶貴的生命，以行持於他人能有利益之事。以是，學人即或有心學習菩薩道，但自我的堅定與不受干擾仍屬重要，簡言之，雖言不以自我的清淨為究竟，但如自己的定力不足，即或有心助人，也極容易在人事境緣中而退轉道心。故如釋尊的示現：於度化眾生之前，是曾歷經一段甚為艱困的自我靜修學習過程。

人生一旦步入中年，多少能感受到一生的時間是甚為短暫的，以是，如何將正法延續將來，才是一切諸佛菩薩所最在意之事。亦可言：

若能將生命置於以傳續正法為職責，則短暫的一生將化為永恆的不朽。

廣度一切衆生無有窮盡

「十方世界，聲聞菩薩，諸眾生類，生彼佛國，得泥洹道。當作佛者，不可勝數。彼佛國中，常如一法，不為增多，所以者何？猶如大海，為水中王，諸水流行，都入海中，是大海水，寧為增減。」

且觀每個生命體，皆不可能是單一獨自地存在著，皆是源於各種的因緣以形成之，亦依於不同的因緣組合，以是產生整個五花八門的世界。若以如是的態度觀照一切的生命，則此中除包含飛潛動植外，更涵括著天地乃至日月星辰、高山川谷等，實然皆是彼此互為關係。依於佛門，則將每個單一的生命，比喻為一小水泡，每個小水泡也只是大海的暫時呈現而已，其原本就是大海。以是，佛門多以「性海」為說明個人的生命本源，故一切生命有其共同的本質，其本是一共同體且不容分割。

依於經文所示：佛國是一切眾生的根本源頭，而眼前的一期生命，亦僅僅是一極為短暫的呈現與生死流浪罷了，就如同小水泡般，其終將歸返大海。故極樂佛國的眾生，即或是萬人修、萬人成，亦將猶如大海般，廣納一切大小水流，而大海之水亦不為增多。

學人宜由開闊心量開始，不論所面對的人事物為何，若能善用自身的一切資源，且多抱持協助與祝福之心，一步一踏實地精進不已，則不論今生可以返轉多少，終將不白來人生一趟。

❀ 擇一獨勝為主修學

「八方上下，佛國無數，阿彌陀國，長久廣大，明好快樂，最為獨勝。本其為菩薩時，求道所願，累德所致。無量壽佛，恩德布施，八方上下，無窮無極，深大無量，不可勝言。」

佛國無數，此乃依於諸佛的本願所致，簡言之，不同的諸佛各依其因地所發大願與大行，且經於無量劫的積功累德所致。然如經文所示：「阿彌陀國，最為獨勝」，故即或有無量的佛國淨土，但總歸結是西方極樂淨土。如是的經文之義，實然並非是否認其他的諸佛國土，且在法界本為一體之下，一即一切，一切即一，故亦可言：一切淨土就是彌陀淨土，且一旦得以往生於彌陀淨土，實然亦可通往十方一切的諸佛國土，唯此中的關鍵，則在無執、無著上。

對於有心修學者而言，初步的功夫在於定力的養成，故應以一門深入為主。當心志漸趨於穩定與深觀時，此時，則可以依於自己的智慧與特質，再逐步觸及不同的範圍與層面，然此中仍不可離卻主修的法門。尤其是處於現今極為複雜的人事環境裡，本已是極為不易之事，若再加上無法得遇善知識的引導，而個人又缺乏智慧的判斷力，則往往是極為容易地見異思遷，一旦養成東接觸、西觀摩的學習方式，心志將更是難以集中，如是，不但可能會一事無成，當再回首時，光陰亦已一去不返矣！

三十、菩薩修持：自利行圓、利他德滿的二利圓滿

深入正慧的自利行圓

「復次阿難！彼佛剎中一切菩薩，禪定、智慧、神通、威德，無不圓滿。諸佛密藏，究竟明了。調伏諸根，身心柔軟。深入正慧，無復餘習。」

不論是古今還是中外，生活總歸是不容易的，除需要有能力適應於各種的自然環境變化，更要能具有與不同人事相處的和諧智慧。簡言之，為人一生的紀錄，也可以說就是一段不斷地調整自己的歷程與經過。故如經文所示：所謂菩薩就是於禪定、智慧乃至威德等皆能圓滿具足，此無疑就是學人所要學習的榜樣。

為人最困難的部分就是：當五根（眼耳鼻舌身）接觸外在的五塵（色聲香味觸）境界時，大多數人的直接反應，都是依於過往的習染而現，以是，凡與己意相符的則歡喜貪戀，反之，則瞋恚憤恨，故時時日日皆在喜怒哀樂不能自主之下而生活著，如是亦造成大多數人總是活得不自在、不如意的主因。

然若能靜心觀照，則將發現：為人之所以活得不快樂，甚至憂鬱或易躁動等，其主因仍在自身不能改變習氣，若能以諸佛菩薩為榜樣，

則如經文所示:「調伏諸根，身心柔軟。深入正慧，無復餘習。」以是，若能多以他人的立場為思考點，多具有同理心，以正確的智慧為行事的依循與準則，凡能利他則為正，自私則為偏，此是諸佛菩薩為能廣度一切眾生，所必然的大慈大悲與大願大行。

無諸分別的利他圓滿

「辯才總持，自在無礙，善解世間無邊方便。所言誠諦，深入義味。度諸有情，演說正法。無相無為，無縛無脫。無諸分別，遠離顛倒。」

諸佛菩薩不忍眾生無始劫以來總如是地輪迴生死，故不疲不厭地深入人群與眾生同苦同難，並從中引導提點，以得眾生能脫離枷鎖。雖言度化眾生的方式，於佛門總稱為八萬四千法門，此乃依於眾生的習氣不同，故各所適宜的法門自當有異。然此中，根本不變的就是：智慧的開顯，依於現今的語言生態而言，就是如何提升思想觀念。

顯然，對於諸佛菩薩而言，其首要的引導方式就是演說正法，而於眾生方面，聽聞正法無疑是最直接的修習正知正見。對於學人而言，若自身能具備演說的條件，則理應將更多心力置於此處。或言，能說未必能行，然演說一旦日久，其所引領之人越多時，他人則將成為自己的一面鏡子，必也能成為另一監督的作用，以是，為求能度他，自身亦必須要能實證力行，故彼此是互為鏡子的作用，於度他之中也完成自度。

為人通常有親疏遠近之別，此於人倫上必然如是。然一如佛聖所慈示：由自度必然度他，由獨善其身必然兼善天下，簡言之，度諸有情，唯有至無諸分別，才能真得自在無礙。由是可知：學人之行，宜先由善解世間法為入手，再提升淨化為出世間法，自能近於諸佛菩薩的心行。

依平等利生以得根本智與後得智

「彼諸菩薩，於一切眾生，有大慈悲利益心故。捨離一切執著，成就無量功德。以無礙慧，解法如如。善知集滅音聲方便，不欣世語，樂在正論。」

人的一生，必然受制於所處人事環境等的影響，唯此中亦將隨著所接觸層面的廣狹不同，而產生大異於前的思想觀念乃至行為模式，簡言之，為人若能在佛聖的教導引領之下，實然是可以更近於圓滿的真性。然又將如何才能修證得有圓滿的真性，則諸佛菩薩的心行顯然就是學人最佳的一面鏡子。如經文所示：為能成就一切眾生，則當具有大慈悲利益心，以是，才能捨離一切自私自利的執著。顯然，人最難以割捨的就是「我」以及「我所」，當一切所思、所行皆環繞在自我的執著時，實然是無法體證一切眾生與我同體的智慧。

如佛的親證：一切眾生本具如來的智慧德能，此是一切眾生的根本智，但因於妄想執著而不能顯了，此是眾生的無明習氣使然。簡言之，當所興起的利益眾生之心，越能廣大無執無著時，則才能更彰顯出真如本性與佛無異。同理，當親證越廣越圓滿時，則無礙的智慧自能通達流露。並以自身的親證再輔以當今的語言生態或各種方法，為一切眾生開演正法，且在與眾生相處的過程中，善知一切眾生的習染所執，故能方便善巧度化之，此即是一切眾生的後得智。

自利利他的圓滿之果

「知一切法，悉皆空寂，生身煩惱，二餘俱盡。於三界中，平等勤修，究竟一乘，至於彼岸。決斷疑網，證無所得，以方便智，增長了知。從本以來，安住神通，得一乘道，不由他悟。」

對於大多數之人而言，無論是貧富貴賤，或多或少皆能感受人生的苦短。且隨著年齡的增長，乃至人事的歷練越多之後，當更能體會源於多元各方的壓力，實然是無有一時的停歇。故如何才能得如經文所言:「知一切法，悉皆空寂，生身煩惱，二餘俱盡。」或許在時間的推動之下，一切的人事物終將漸漸地成為過去，故對於「一切法悉皆空寂」的解悟，若能在長時的修習之下，理應是可以漸次地契近之，唯一旦事到臨頭，則功夫的淺深才可分判之。然對於常人而言，依生身而產生的苦果與煩惱，其餘殘恐難一時俱盡，故所謂的「生身煩惱，二餘俱盡」，此唯有自利利他皆圓滿的諸佛菩薩可證得之

在現實的人生中，所謂的苦或樂，實然是一種當下的感覺而已，且其時間通常甚為短暫。尤其對於正身處於逆境之中的人而言，痛苦是如此地深刻，甚或有人因此而尋求不當的方法，至此，顯然，所謂的苦，於當事人是一種難以忍受與克服的困境。然另有一種人，是以坦然心態以面對之，即或須耗時甚久，亦能在心志堅定與觀罪性空之下而逐步走向康莊大道。至此，將更彰顯修學的重要性。

三十一、真實功德：自德無礙、利他德大、調伏自他與智導群生

身心清淨以離諸煩惱障礙

「其智宏深，譬如巨海。菩提高廣，喻若須彌。自身威光，超於日月。其心潔白，猶如雪山。忍辱如地，一切平等。清淨如水，洗諸塵垢。熾盛如火，燒煩惱薪。不著如風，無諸障礙。」

當自心一起煩惱之時，若能細心檢視與觀照，則將發現煩惱的主要來源大抵有：一、來自於外在的自然環境：此是整體環境所造成，或許無法避免之，但隨著人類的科技進步，是可將災難減至最低程度，除此，人類若能更積極地有所作為，減少對環境的污染與破壞，此無疑是全體人類所可努力的部分。

二、來自於自身的疾病：雖言醫學科技已日新又新，然隨著個人生活飲食習慣的不同，尤其在物質豐富的環境中，文明病更是日漸攀高，除此，傳染疾病的出現，亦往往令人措手不及，雖言如是，然人類只要能多戒除於飲食上的過多欲望，且能對其他生命有更多的尊重，而此部分實然亦是人類所可以做到的。

三、來自於人事的變遷：一切生命終有期限，有生必有死，歡聚

後必有離別，此是人事上的必然，以是，對於突如其來的一切變遷，若能具有無常的智慧觀照，在此部分，實然亦可以逐步地釋懷。

由上可知：所謂的煩惱障礙，其決定權仍在自我的身上，若能依於清淨平等之心以觀照一切，則離苦得樂的方案，實然就在眼前。

正法傳播的持續與普遍

「法音雷震，覺未覺故。雨甘露法，潤眾生故。曠若虛空，大慈等故。如淨蓮華，離染污故。如尼拘樹，覆蔭大故。如金剛杵，破邪執故。如鐵圍山，眾魔外道不能動故。」

為人最困難的部分，無非就是溺陷於煩惱中而不知出離，或許是不知有何方法得以脫困。然一切的諸佛菩薩，其所示現無非就是在引導眾生能離苦得樂。於現今資訊發達的時代裡，學人若能細心觀察，則將發現是有甚多正法在宣說傳播著，唯此中又有多少眾生可以依教奉行之。即或有心修學者，雖能聽聞之，但其持續與堅定度，或仍敵不過對於世俗耽樂的習氣。

雖言如是，但對於正法的傳播仍必然要具足堅定的信心，唯因人性本善，以是，只要傳播的力度能持續與普遍，而響應之人能由一而十百千萬，則當如世俗所言：「邪不勝正」，人心終究會厭棄違反人性之事，亦以是而知：傳播正法終究是人生的王道。

因應於傳播媒體的發達與快速，如何才得以引領眾生趣往正道而不退轉，此中，傳播者的道德情操終將受到極大的檢驗。簡言之，這是一個極為特殊的時代，匯聚的力量是極容易形成的，同理，背離也是甚為無情快速的，唯此中的關鍵，帶領者的德性與操守是甚具重量的。顯然，凡有心修學者，必將以「去習氣、修德大」為最根本的自持。

調伏自他的定力養成

「其心正直，善巧決定。論法無厭，求法不倦。戒若琉璃，內外明潔。其所言說，令眾悅服。擊法鼓、建法幢、曜慧日、破痴闇。淳淨溫和，寂定明察。為大導師，調伏自他。」

雖言人的一生實然短暫，但日子總仍要如是地度過，於是，除為基本的生存條件而努力之外，更多的是在尋求：生命的意義與生活的目的。惟不論是個人，乃至在不同時空間背景所產生的不同理念與目標，但不變的是，如何擁有一顆安寧的心，確為所有人的共同企盼。簡言之，如何調伏自心才是為人的最根本所在。

在平日裡，表面看似平靜的自己，若能細細觀照之，實然是有無量的意念正在起伏飄盪著。以如是帶著一顆躁動的心，來面對一切的人事物，於是，世界終將是無有寧日，實然是可預見的。尤其是在網路資訊傳播快速的當今時代裡，如是的現象更是顯而得見。人們習慣於鍵盤後面發聲，且通常是在未經多方思考之下即傳送而出，不論是任何的訊息皆將迅速地被轉載，於是，你一來、我一往，故有「網戰」的詞彙出現，此是現今的時代趨勢。

想來，如經文所示：「寂定明察，調伏自他」，無疑是現今所有人的重要功課，如何能達到以「正直之心，戒若琉璃，其所言說，令眾悅服」的境地，亦可謂是為人的價值與意義。

❀智導群生以長養善根

「引導群生，捨諸愛著。永離三垢，遊戲神通。因緣願力，出生善根。摧伏魔軍，尊重奉事諸佛。為世明燈，最勝福田。殊勝吉祥，堪受供養。」

如前人所言：「眾人皆濁我獨清，眾人皆睡我獨醒」，獨清與獨醒，雖看似孤獨，但卻是永不寂寞的，因為，人同此心，心同此理，人們終將是傾向於親近良善的、正向的，人們喜歡看到彰顯人性的光明面，於是，自我理當更為努力精進，惟如是所行的一切並非是單為自己，而是為能引導他人。當自身的資糧更形豐厚之時，則所能襄助的範圍亦將更為廣大。

或許不必羨慕他人，但理應細細觀察他人的優點，如：不同區域或單位的領導人，其意志力乃至思想觀念為何？亦可觀照各種無薪的志工群，其能付出不求代價，又能樂此不疲，其存心又到底為何？若能在人群中多學習他人的特長，亦可多元地長養自己的善根。

自利而後利他，此是由因至果的必然，惟所謂的自利，又絕非是一種自私的但為自身而已，更非是一切皆以自身的利益為優先考量，如是的表面自利，不但無法以達利他，反可能養成自私本位的心態；然亦非是毫無理智的不顧一切的無辜犧牲，以是，佛門一再地強調以智慧為根本。能由自利以達利他，這就是一種圓滿智慧的表現。顯然，自利與利他是為一體，此中的奧妙，或許唯親證者才可明之。

三十二、壽樂無極：顯淨土清淨殊妙，行道和正以勸導往生

久久功純的修習與轉變

「佛告彌勒菩薩：諸天人等，無量壽國，聲聞菩薩，功德智慧，不可稱說。又其國土微妙、安樂、清淨若此。何不力為善，念道之自然。」

佛法的根本在「萬法唯心」，簡言之，心念的起動將決定一切。此理看似易懂，但卻是極為不易實證做到。在現實的社會裡，任何當下所發生的每一事件，大抵皆是依本有的習氣而行事，也就是以自我的心意識為一切的考量，於是，在如是的心念起動之下，所言、所行則將是以自我為中心，而非是能觀得「無我」（全體為我）而行之，故紛爭終將無有停歇。

依於經文所示：極樂國土是一安樂、清淨且殊勝微妙而不可稱說，以是諸佛皆勸告諸天人等，皆當力行為善以往生其國。顯然，此中的關鍵就在如何證得心的清淨，才能相應於清淨的極樂國土。對於修學者而言，唯有不斷的修習再修習，且於修習中不斷地轉變自心，如是不斷地久久功純，或才有可能將「無我」的法義轉成為自我的觀念，而如是的觀念又必然再進一步的成為行為模式，如是，或才有可能在

每個事件的當下，仍究能維持心的清淨。

維持心的清淨是確然不容易，但不斷地聽聞修習，或才有轉變的可能性，故佛門雖有阿羅漢、菩薩與佛的修行階次，但不變的是：下足功夫是共同的心行，此即是學人的榜樣與典範。

轉貪愛懈怠為端直安定

「出入供養，觀經行道。喜樂久習，才猛智慧。心不中迴，意無懈時。檢斂端直，身心潔淨。無有愛貪，志願安定。無增缺減，求道和正。不誤傾邪，隨經約令，不敢蹉跌。若於繩墨，咸為道慕。」

諸佛菩薩皆勸告一切眾生要往生極樂世界，以親近阿彌陀佛，惟如是的力勸之後，其所伴隨的就是依法修行。且觀經文所示，顯然，無有一諸佛菩薩是因為懈怠而成就的，也無有因於貪愛傾邪蹉跌而成道的。此中，所標明的關鍵是：久習、端直、身心潔淨、志願安定與求道和正等。若以現今的語言生態而言，所謂佛、菩薩就是一善良有智慧的人，是大眾的榜樣與典範，其心胸開闊，能承擔、能包容，有威儀、有器度等。

學人若能深觀自己的問題，終將發現在任何的起心動念當下，尤當是個己獨處之時，尤當最深層的心念一起，實然那就是最深層的自心，而此時正是用功之所在。即或是外表（五官）已降伏得住，但最深層的心念部分，唯有自己才能下深功夫以轉變之。心念將如何轉惡為善，將如何轉煩惱為清淨，此是一切的關鍵。

學人若能有所體證：心清淨才是一切的關鍵所在，則即或是獨處之時的個己一人，實然亦不感到孤獨與寂寞，唯因全體宇宙才是真正的大我，亦唯有心清淨才能與諸佛菩薩相應。

力行善願又淡安無執

「曠無他念，無有憂思。自然無為，虛空無立，淡安無欲。作得善願，盡心求索。含哀慈愍，禮義都合。苞羅表裏，過度解脫。」

宇宙本是一整全的生命共同體，此是歷代諸佛菩薩所一再演說的真理內涵，唯如是的思想觀念，若不能有長時的修習，是難以在生活中實證做到，以是，所有的成就者，大抵是先以演說法義與眾生結緣。學人若能真正體證到：原原本本清淨的我，就是原來真正的我，一旦起心動念的當下，那是第二個的我，這是動用意識心之後的我，也就是假的我。然如何才能在人群互動中，永保那尚未動念的我，這就需要仰賴修行。

修行的方式與階次，雖各宗學門或有差異，但總體而言即是：「作而無作，無作而作」，此看似在繞口令，實然是在說明：雖行一切事，但心中卻不留痕跡，無有任何執著，故是「作而無作」；又雖看似淡安無欲無作，卻能於一切善願盡心作得，故是「無作而作」。前者是為破除執有，後者是為破除頑空，唯能於有、於空皆不執著，才是諸佛菩薩所證悟的中道。

人既身處於現實的世間，且觀個己的一切用度，皆來自於廣大的群眾所共成就，故以是而知：能盡一己之力，以嘉惠大眾，實然是理所當然，唯此中，如何達至善盡人事卻又能無罣無礙，則確然是需要學習與成長。

歷久彌新的真情大愛

「自然保守，真真潔白。志願無上，淨定安樂。一旦開達明徹，自然中自然相，自然之有根本，自然光色參迴，轉變最勝。」

學人一旦對於：清淨本性就是原來的我，如是的理念一旦得以修習入心，接續的即是如何實證做到。在現實的世間裡，此中的錯綜複雜無法一語道盡，所糾結的恩怨情仇更是層層疊疊。惟修行的殊勝即是此處，如何在錯綜複雜的恩怨情仇中，能觀得其中的幻化不實，故才能立足於自然真潔的本性，善用一切的方法以引導他人，但自身卻又淨定安樂、開達明徹，於所行一切法亦無有任何的執著，總仍保有：「自然中自然相，自然之有根本」，事若得成，是眾生的福報，反之，則是因緣尚未具足，於己，實然無有憂思，此即是顯真性為妙用。

人自出生，自有其所處的各種人事境緣，且一旦相處日久，自有其難以割捨的情懷，於此，聖人亦無不禁之。但一切的情懷仍須以理性、智慧為基礎，唯能如是，所謂的情感才能歷久彌新，才能更進一步的提升而無憂無礙，才能彼此互為成長且又自在輕安，此是佛聖的真情大愛，是不同於世俗的凡情牽扯。

顯然，人最困難的部分，就是面對自己的情感問題，若不能以祝福之心面對、處理與放下，則所謂的顯真性於妙用中，也只能成為理念與文字而已矣！

三十三、勸諭策進：示穢土惡令知厭離，諭捨惡修善、勸生淨土

不急之務的共爭與惡苦

「世人共爭不急之務，於此劇惡極苦之中，勤身營務，以自給濟。尊卑、貧富、少長、男女，累念積慮，為心走使。無田憂田，無宅憂宅，眷屬財物，有無同憂。有一少一，思欲齊等。」

如同經文之所示：為人的一生，無田憂田，無宅憂宅，終其一生大抵不離為生活而打拼努力，若不能如是，似乎也極容易被待以異樣眼光。且當處於社會的共同趣向時，個人的一生亦實然無法僅依自己之所意而行。例如：父母對子女有其一定的期待，同理，子女對父母亦然如是。於整體的社會而言，是有其既定的生活模式與樣態，如是似也理所當然，亦是大多數人所願意維護的秩序與禮義。

然若能更進一步以觀照之，則將發現所謂的「世人共爭不急之務」，此中的不急，則意指即使是用盡一生的心血所努力營求的，其終究是帶不走的，任何所珍惜不捨的人事物，實然是無有一物可以隨身而行，此即是不急之務。

人的一生，總是在為面子而活著，為要能顯出自己的才能與眾不

同，於是，用盡心力於追求名利、富貴、權勢等，以期能得到他人的尊崇。然不論是高官厚祿或才高八斗，人生總有其追求不完的目標，故曰：「有無同憂，有一少一」，於欲望的驅使之下，實然無有片刻的滿足之時。學人若能細思，則不得不感慨：人生真是憂苦萬端啊！

當下的捨惡修善

「人在愛欲之中，獨生獨死，獨去獨來，苦樂自當，無有代者。善惡變化，追逐所生，道路不同，會見無期。何不於強健時，努力修善，欲何待乎！」

當人生稍有歷練之後，通常是多所感觸，身邊的人是一個一個地離開，每一次的送別，除不捨之外，實然亦是愛莫能助，故如經文所言：「獨生獨死，獨去獨來」，且離別後的路途是「苦樂自當，無有代者」，即或身邊有甚多的親朋好友，但唯如是的生死大事，是絕然無法請人替代之，此即是真實的人生，此或即是真實的獨一。

如是的一期生死，又一期的生死，在死與生相續不斷的流轉中，確然可謂是生死疲勞，遙遙無有出頭日。為人若不願意面對如是的生死大事，而只想一日度一日，或只想在恩怨情仇中而過活，或言這也是一種的人生快意，然如是表面看似的快意，也只是剎那當下的一種情緒而已，為人終要踏上另一段旅程的。故有智慧的人，為將自己的生死能作個徹底了辦，於是，能毅然決然地放下世俗的一切，以努力精進，此即是諸佛菩薩的本懷。

每個人的生命樣態，確然是不一樣的，此中，實然無有任何的一主宰者，唯依於自身的業力為之主導，故人生的決定權全然在自己身上，以是，諸佛菩薩總是苦口婆心地引領眾生能捨惡修善、自淨其意，其用心即在此。

於生死顧戀的省思

「先人不善，不識道德，無有語者，殊無怪也。死生之趣，善惡之道，都不之信，謂無有是。更相瞻視，且自見之，或父哭子，或子哭父。兄弟夫婦，更相哭泣。一死一生，迭相顧戀。」

人生的困境可謂難以道盡，但大多數人皆無法避免的就是生死問題，尤其是至親之人的離去，此中，又以突發的意外最難面對與接受，然或許這就是人生的百態之一。雖言：「人生自古誰無死」，此是自然法則之事，然當要面對之時，又有多少人可以坦然呢！以是「或父哭子，或子哭父」，乃至親戚朋友之間的更相哭泣，這是永遠都在上演的一齣齣戲碼。

然有關生死問題，到底又有多少人可以了然悟之呢！惟或許可以如是的自省：當人生活到某一年齡時，身邊的人是一個個地離去，而自己亦終將退出這人生的舞台；換言之，過多的顧戀實然也只是一種憂愛的結縛而已，於他、於己不但無有任何的助益，反加深彼此相續不斷地牽扯與輪迴，故謂：「惑道者眾，悟道者少。」

時間是永遠向前推進著，此即是在說明：一切的人事物皆是變動無常的，於死於生亦然如是，因緣至則來，因緣滅則去，以是而知：一切的因緣亦本是幻化不定的。不如依於諸佛菩薩的教導：「深思熟計，專精行道」，以體證生死因緣的幻化無常，亦在如是的生死中而度化眾生，以達一來一去的自他皆坦然自在。

於智慧明達的勤修行

「若曹當熟思計，遠離眾惡。擇其善者，勤而行之。愛欲榮華，不可常保。皆當別離，無可樂者。當勤精進，生安樂國。智慧明達，功德殊勝。勿得隨心所欲，虧負經戒，在人後也。」

為人既生活在世間，於世間的既定價值觀，大多數人是無法全然遠避的，然此中的或善或惡，其抉擇權仍在自己的身上。簡言之，即或擁有所期待的一切榮華富貴，但所能享有的時間亦甚是短暫的，又更何況是以不當的方式而獲得，其所連帶的心理負擔將更為不安，而來世的果報又將更為沉重。故諸佛菩薩的教化眾生，總不離要學人能「遠離眾惡，擇其善者勤而行之」，其意是要引導眾生以智慧明達的功德殊勝，才能再應化世間以教導他人，不但於己能生死自在，更能在一來一往的無限生死中，恆保精進不懈的度化眾生，此即是諸佛菩薩的心行，細思之：亦唯有如是的行持，才可謂是最為究竟之處。

世俗之人或有於生死表面看似不在意，然其內心深處或可能是不想面對，也或以為生死是一渺茫之事，多思多想於事無補，然如是的心態，實然是對於生死大事尚未能明悟者的一種表現而已。如經文所示：「勿得隨心所欲，虧負經戒」，顯然，學人只怕修習不足，不必擔心不能領悟，持守戒律是為第一，由之入手，自能近於諸佛如來的心行。

三十四、心得開明：蒙教脫苦，心得開明，示短時修因，永得樂果

❀ 得遇正法的心開歡喜

「彌勒白言：佛言教戒，甚深甚善，皆蒙慈恩解脫憂苦。佛為法王，尊超群聖，光明徹照，洞達無極，普為一切天人之師。今得值佛，復聞無量壽聲，靡不歡喜，心得開明。」

在忙忙碌碌的人生中，每天皆有其要進行的一切事項，於是，大多數人也如是理所當然地向下一個目標前進，如是日復一日地過著，若能活到所謂的平均年齡，也大多自我感覺如是的一生似已足夠。然如是看似理所當然的一生，若能再仔細地回顧，則大多是感嘆去日苦多，真實地感受到時間的流逝，轉眼青絲已成白髮，已不再是詩人的深愁，而是實實然然的人生。

在忙碌的生活中，食衣的需求實然並不太困難，唯無窮的欲望追逐卻始終難以填滿，若以如是為忙碌、為滿足，實然只會帶來更多的空虛與茫然。以是，佛法的終極目標，除立於世間法的修身、齊家、治國、平天下之外，更要學人向上提升至自我的本來面目上，故強調自我的明心見性，以依於平等心而度化一切眾生，亦皆能安然住於自我心性上，此是佛法義的根本所在。

即或有言：「未知生，焉知死」，然生命終究有期限，且於一期生命結束後又當何往何住，如是的問題，佛已為眾生開示：不同的各層法界，皆本是同為一體，此即是真我、大我，唯有回歸真我，自能回歸本然之地。

自利利他的轉相拯濟

「佛告彌勒：敬於佛者，是為大善。實當念佛，截斷狐疑。拔諸愛欲，杜眾惡源。若曹當知十方人民，永劫以來，輾轉五道，憂苦不絕。生時苦痛，老亦苦痛，病極苦痛，死極苦痛。惡臭不淨，無可樂者。」

人生若不能得聞正法，想來如是的人生，實然缺乏真實的安然與樂趣，即或樂享於五光十色中，表面看似有短暫的快樂，但歡樂的背後又總是蘊藏著更深的寂寞與茫然，顯然，內心的安然自在，是無法依於外在的享受而獲得。然若能得聞正法，了知世間的短暫無常，以是而返轉之，視拔濟他人等同救度自己，於每個付出的當下，反得到真實的安然，此即是菩薩不疲不厭的心行。

如同經文所示：人生誠然是憂苦不絕的，不論是於生、於老、於病、於死，無一不苦痛難安。當思及至此，實然不應再疑惑不定，宜自我具有決斷心，洗除內心的貪瞋癡，力持言行忠信，並為眾生開示正道，以轉相救度，唯如是的人生，才能真實獲得安然自在。

人生的憂苦，大多數人是當臨頭之時，才不得不強為之面對與處理。於多數之人而言，總想著有限生命裡的小確幸，若能如是過著，亦多感到滿足與欣慰。然如是的心態，終究無法得到究竟的真樂，以是，如何才能依於修習而入心、入行，至此，才能更彰顯出修行的不易與難能可貴。

對時間的自然與自在

「至心求願，積累善本，雖一世精進勤苦，須臾間耳。後生無量壽國，快樂無極。永拔生死之本，無復苦惱之患。壽千萬劫，自在隨意。」

世間之人或有不信因果者，然如是之人大抵並非是真然不相信之，而是以一種逃避的心態不願面對而已。由如是因，而如是果，此並非是佛門特有的法義，實然就是真真實實地在眼前不斷地上演著，不論信與否，事實就是事實。例如：因於喝大量之水，於其後則有上廁所之果。簡言之，眼前全世界所要共同面對的問題，實然就是全體人類所造的共同之業，故如是因而得如是果，實然並非是一門深奧的學問，但卻是一切行為最直接的反應。

顯然，唯有造作善業，才能獲得善果，亦由於如是的因果定律，故一切的結果是可被預期與改變的，此中的關鍵則在所加入的任何條件，皆將對結果產生一定的影響，以是，有智慧的人，必將時間用於言語行為的提升與改變，而非僅是一味地祈求罷了！為人一旦能步入如是的正軌，則將如經文所示：「雖一世精進勤苦，須臾間耳。」其意在於：唯有行於正法、正道才能令人得以自然與自在，對於時間的遷流，也只是某一種的記錄而已。

時間是一種甚為奇妙的事物，其永遠向前推進地，且一秒一秒地恆常如是，若能於如是的如常之中得有自在，是為永恆的幸福。

信心的堅定與確然

「宜各精進，求心所願。無得疑悔，自為過咎，生彼邊地，七寶城中，於五百歲受諸厄也。彌勒白言：受佛明誨，專精修學，如教奉行，不敢有疑。」

為人的出生之地，對個人的一生實然是有甚大的影響。尤其是文化的薰陶，誠可謂是根深蒂固，亦可謂終其一生亦甚難改變之。簡言之，為人的思想觀念一旦成型，若想要突破之，恐將耗費更大的心力。故如經文所示：佛一再地明誨眾生，對於極樂淨土的往生，要能至心求願，一旦產生懷疑而入於邊地，恐將再歷經無量的厄難才得以脫離。

以現實的人生而言，能聽聞正法實然甚為不易，即或在現今網路資訊如是快速傳播的時代，資訊的取得已十分便利。然此中仍有文字上的隔閡，亦有所處之地的文化等影響，總之，有關淨土的法義是否得以入心，誠然是更為不易。即或是有幸得聞之，能真信有淨土者，又能有多少人呢！即或信之，其相信的程度是否能經得起考驗呢！故佛才一再地明誨，要學人：「無得疑悔」，否則將「自為過咎」，此是佛的深誨，實然亦在說明眾生的信心是難以堅定與確然的。

大抵一般人多是見異思遷，尤其在資訊往來如是頻繁快速的時代裡，人與人之間的關係亦是如此的一再轉換與更新。至此，則對理想能堅定不移者，實然是要致上最深的敬意。

三十五、濁世惡苦：善惡分明，禍福自當，依教成五善

持五善以降化五惡

「佛告彌勒：汝等能於此世，端心正意，不為眾惡，甚為大德。所以者何？十方世界善多惡少，易可開化。唯此五惡世間，最為劇苦。我今於此作佛，教化群生，令捨五惡、去五痛、離五燒，降化其意，令持五善，獲其福德。」

處於現今的時代，源於環境所帶來的各種煩惱與不安，所造成的身心之苦，應是多數人的共同感受。尤其是於表面上難以被察覺到的各種病毒，因其所帶來對全世界的各種威脅，更是難以估量。且因其所帶來的傳染力，更是令全世界繃緊神經，或因此不得不關閉邊境、機場等，以是依防疫等同作戰，而實施一連串相關的措施，如是之苦，是無有一人得以倖免的。

對於世間的苦，佛法論述甚是詳明，然佛法的教義，即在於如何解除如是的苦惱。與其深陷於苦惱中而煩悶不堪，不如尋求拔脫苦惱的方法。依於佛法所論，人生的苦惱，大抵是源於人類造作殺、盜、淫、妄、酒的五惡而來，只要能反轉五惡而行持五善，則自能漸獲福德與安然。

人生沒有任何的經驗是無有價值意義的，此中的關鍵全然在如何於每次的經驗中，皆能得到正向的影響，此亦是得以翻轉人生的最重要根本所在。若能細思人生的苦，源於物質的部分甚少，然因於欲望的無窮則佔最大部分，簡言之，若心靈富足，實然一切亦已足矣！

無可替代的禍福自當

「天地之間，五道分明，善惡報應，禍福相承，身自當之，無誰代者。善人行善，從樂入樂，從明入明。惡人行惡，從苦入苦，從冥入冥。誰能知者，獨佛知耳。」

人間是有富貴貧賤、窮通壽夭、智愚美醜等分別，如是的差異，實無有任何一主宰力在引導著一切，一切的不同，皆是源於自己的業力所形成，簡言之，此即是佛法所最強調論述的因果報應，故如經文所示：「善惡報應，禍福相承，身自當之，無誰代者。」若持五善，必得善果；同理，行五惡，亦將得惡果，如是的善惡之報，是如影隨形的，正所謂是：「禍福無門，唯人自召」，禍與福本是不定的，全依憑個人所召感而來。

對於因果報應之說，若能於日常生活中仔細觀察，則即或是表面堅持無有因果論者，其內心深處亦不得不頷首同意，此乃在於，由因至果，此乃是天然的定理，已然非是信與不信的問題。然若能於因果報應之說深入自心，則將促使自己更能謹言慎行，如是的「善人行善」亦終將是「從樂入樂、從明入明」，如是之理，亦確然如是。

人生本已短暫，且又苦惱甚多，如何才能永保一顆明朗之心，顯然，唯有從五戒十善入手，並以行持慈悲利他為要，實然亦無有他法，故佛法是實修實證的功夫，絕非只是一場學術上的論說而已。

❀信行者則得解脫自在

「教語開示，信行者少，生死不休，惡道不絕，如是世人，難可具盡。故有自然三塗，無量苦惱，輾轉其中，世世累劫，無有出期，難得解脫，痛不可言。」

人一生所追求的，無非就是得過一個幸福、快樂的人生，然如是的要求，本應是容易獲得的，為人只要能力行佛聖的教誨，趣往正向發展，則自能得一心安理得的人生。惟有關佛聖的教誨，大多數人或因忙於生計而無暇聽聞，亦或是雖得聽聞卻又難抵習氣的染著，更有為追求名利、富貴、權勢等，以是，對於佛聖之道則視為不合時宜，如如等等，皆促使本應自然得到的幸福人生，反成為遙不可及之的夢想。

每個人皆在追求幸福、快樂的人生，但盡其一生的心血，於生活中到底又有多少人感到幸福與快樂呢！幸福與快樂是一種內心滿足所自然呈現的心境，此中實然與一切外在的名利、富貴、權勢等無有太大的關係，然到底又有多少人有此領悟呢！

如經文所示：「教語開示，信行者少。生死不休，惡道不絕。」簡言之，佛聖的教誨實然已具足夠，若能依之以行，則自能獲得幸福快樂的人生。學人若能以五戒、十善為入手，此即可謂是真明白人，亦是一覺悟者。生命是無法重來的，但佛聖的典範已為大眾作見證，倘若不能或不願信之、行之，則即使是古佛再來，又亦奈何！

一心制意的正念相續

「如是五惡五痛五燒，譬如大火，焚燒人身。若能自於其中一心制意，端身正念，言行相副，所作至誠。獨作諸善，不為眾惡，身獨度脫，獲其福德，可得長壽，泥洹之道，是為五大善也。」

人的一動念，最是關鍵的所在，若能在此當下，觀照其為惡者，則即止之，不使惡念增長。同理，若是起一善念，則要令其增長，使其成為具體的行動，如是一步一腳印地行之，則自能捨惡成善，顯然，當下的動念正是用功之所在。為人既處於現實的世間，此中，各式各樣的人皆有，正所謂：「一樣米，養百樣人」，一旦與習染較深重的人相處，若無有堅定的意志，則由善染惡亦實然甚為快速，然此亦是必須修學佛聖之道的主因。

社會是一大染缸，處於其間，如何依於經文所示：「若能自於其中一心制意，端身正念，言行相副，所作至誠。」若能真如是，實然是可在此五濁惡世中，獲得真正的身心輕安自在。且觀所有的諸佛菩薩，皆是在人間而成就佛道，故真正的寂靜，亦必須在世間的人事物應對中而獲得。

人本具天然本性，故人本近於佛聖之德，亦喜聽聞佛聖的教誨，此是性德之所致。惟如何應對一切諸惡事，除親近善知識之外，個人的淨念維持與相續，實然是不可鬆懈的，簡言之，佛聖之道的成就，實然是必須下苦功夫的。

三十六、重重誨勉：明現世華報、後世果報以示懲，端正三業以正勸

以現世華報與後世果報為示懲

「佛告彌勒：吾語汝等，如是五惡、五痛、五燒，輾轉相生，敢有犯此，當歷惡趣。或其今世，先被病殃，死生不得，示眾見之。或於壽終，入三惡道，愁痛酷毒，自相燋然。」

佛門所論述的業因果報，有「現世華報」與「後世果報」之分，前者是於當世即呈現之，後者則為死後的報應。例如：因於殺生所造作之業，於當世或得重病，或受種種病痛的折磨等，此是現世華報。又因於殺生之故，其死後將入於三惡道，此即是後世果報。世間之人往往因於一時之間的逞凶鬥狠、殘酷無情，其表面看似是在宣洩自己的情緒，實然皆是因於無明之火所導致而成的，簡言之，皆是缺乏智慧的表現，更是毫無定力可言之。且當一時的無明之火宣洩完後，其所帶來的不安與煩惱亦將接踵而至，顯可得見：無明情緒的一時發洩，也只是見識短淺者或無有定慧者的一種不理智的表現而已。

對於佛門的業因果報若能深入體證，或才有可能在任何的情境之下，皆能轉得了境界，而不被境轉，亦只有在當下能伏得住情緒，才可謂是能當家作主，自己能管控得住自己，是以理智與慈悲面對與處

理一切的人事物，如是，才能避免日後的後悔與痛苦。世人或有不信因果者，然現前的不安與煩惱即是果報之一，故即使是不信因果者，亦必處於因果之網中。

隨以磨滅的富貴榮華

「皆由貪著財色，不肯施惠。各欲自快，無復曲直。痴欲所迫，厚己爭利。富貴榮華，當時快意，不能忍辱，不務修善，威勢無幾，隨以磨滅。」

所謂的「無常」，就是不定，一切人事物皆在時空間的遷流之中而變化不已，此是宇宙的定理，更是人生的常態。故有言：「不知是明天先來，還是無常先到。」此即是不定。同理，富貴榮華、名利權勢更是不定。今天的大企業，或許明日卻宣告破產；現前的高樓大廈，也可能在一夕之間倒塌。對於如是種種的一切存在，或能有多一層的體察與觀照，則將一如佛聖的教誨：捨貪執為布施、捨毀犯為持戒、捨瞋恚為忍辱、捨懈怠為精進、捨散亂為禪定、捨愚癡為智慧。生命的可貴，在於能善盡生命的價值與意義，當生命在尚可主導的當下，能積極修善以慈悲利他，此是發揮生命最大的良能。如世俗之言：「三寸氣在千般用，一旦無常萬事休」，人的一生，實然無法擁有任何有形的一切人事物，但無形的安然才能獲得最大的自在。

當人正在得意之時，又能有多少的體證呢！大抵人在步入中年之後，一切的熱情或已漸消退，或人生已多磨難與歷練，亦或是體力已大不如前，又或已看淡世情與人生，然此時的生命樣態，若能回轉不再僅為自己時，人生將有另一番的風景。

❀ 煩惱來自於無明的憂怖

「汝等得佛經語，熟思惟之。各自端守，終身不殆。尊聖敬善，仁慈博愛。當求度世，拔斷生死眾惡之本。當離三塗，憂怖苦痛之道。」

人身處於大自然環境中，春夏秋冬各有其不同的風光，晴雨日夜亦各有其特色，若能如禪門所言：「若無閒事掛心頭，便是人間好時節。」人與大自然相處，本有其自然的和諧之道，不論是春天的溫和之風，亦或是秋天的肅殺之氣，此中，實然並無有好或壞之分。於一般人或多喜歡欣欣向榮的百花盛開，然若細心觀看：枯黃之葉實然亦有其另一番的淒傷感。

對於人事而言，常人或以追求名利、富貴、權勢等，視為是一生當盡的努力，然若能將分別之心放下，只要能辛勤的工作，雖看似勞苦，但工作之餘的休息，或偶得一難得的假期，內心的滿足誠可謂是最高的享受。簡言之，人生的煩惱與痛苦，通常是來自於欲求不滿所致為多，亦或是無法接受任何的改變，以是，若能以「百花也好、枯葉也罷」的態度，以待人生的一切人事物，則一切的憂怖亦將漸而遠退。

人性本具有仁慈博愛之德，若能將此自然本性以待一切萬物萬類，則人與大自然的和諧，乃至人與人之間的和諧，亦將如是自然地呈現。佛語經論所要學人依教奉行的目的，無非就是要能免除一切的苦難，唯此中的關鍵，終歸於學人的心態與言行。

由端言、端行而端心

「若曹作善，云何第一。當自端心，當自端身。耳目口鼻，皆當自端。身心淨潔，與善相應。勿隨嗜欲，不犯諸惡。言色當和，身行當專。動作瞻視，安定徐為。」

一切佛聖的法義實然就是人的本性之德，故領解並不困難，惟若不能長時修學，一旦面對境緣的當下，所產生的反應仍是依於煩惱習氣使然。且觀經文所示:「當自端心，當自端身。身心潔淨，與善相應。勿隨嗜欲，不犯諸惡。」顯然，人最要把握的就是「心」，此心想善即是善，想惡即是惡，心看似無形，卻能主導一切的言行舉止，故佛聖一再地告誡:「萬法唯心」、「修道即是修心」，以是而知：當起一惡念之時，百萬障門亦已打開。

心思的起動將決定一切，然如何常保一念的善心善念，卻是一生的功課。由於心思的起動最是令人捉摸不定，故佛聖亦教導學人可由言與行為入手處：於言語上當柔和，說正向話；於身的行動上，要能穩重安定。若於言、於身能自我端正，則當時日一久，於心的一起動之時，亦較有可能於第一時間即觀照之，此即是修行。

由於人世的繁忙，以是，「趕快！趕快！」幾已成為大多數人的口頭禪。然為人一旦處於極度的緊張與倉促之中，其所言與所行，乃至所作的一切決定，或有可能因於考量不夠周詳，導致失敗與悔恨的產生，故學人不得不謹慎。

三十七、如貧得寶：此修善一日，勝於淨土百年，誨喻勸行，轉相教化

安於當下的修行生活

「汝等廣植德本，勿犯道禁。忍辱精進，慈心專一，齋戒清淨，一日一夜，勝在無量壽國為善百歲。所以者何？彼佛國土，皆積德眾善，無毫髮之惡。」

對於大多數的人而言，大抵會羨慕生活優渥的人，亦總會幻想著自己有朝一日能如是地生活著。惟即使是物質生活充裕的人，其雖無有衣食上的問題，但其是否能知足且安然自在，實然亦不可得知。於文人而言，或言：「生活藝術化，藝術生活化」，其所享受的，或許就是春風、秋月，也或許就是清茶、淡飯，於辛勞的工作之餘，能三五好友歡聚暢談，此無疑就是最大的生活享受。

通常能真正享受生活的人，往往不在於物質上的營求，更多的是於日常生活上的點點滴滴，若能把握每個當下細節，則不論是掃地、烹飪或品茗，皆可謂是生活上的享受。如清朝文人鄭板橋所言：「我的畫是用來慰藉天下的勞苦人，不是充為富人的壁飾。」

於修學上亦然如此，如經文所言：在五濁惡世修行一日一夜，勝於無量壽國為善百歲。」顯然，即使極樂世界是如此的完美圓滿，但

眼前的現實人生，才是一切的根本所在，若於此當下，能忍辱、能精進、能慈心、能專一、能清淨，如是的心行與極樂國土相應，故將自得前往之。以是，十方諸佛雖共同讚嘆極樂國土的殊勝，但釋尊仍以「一日勝於百年」相勸於此土的眾生，宜當把握眼前的世間好好修行。

苦海無邊只待回頭

「唯此世間，善少惡多。飲苦食毒，未嘗寧息。吾哀汝等，苦心誨喻，授與經法，悉持思之，悉奉行之。尊卑、男女、眷屬、朋友，轉相教語，自相約檢，和順義理，歡樂慈孝。」

雖言於五濁惡世能修行，勝於淨土的百年，但也因於此土是一善少惡多的環境，居於此土日久，終將受其染污而不自知。以是，即使有幸聽聞經法，想要依法修行，亦甚為不易，或有勸退者，或有譏諷者，或更有無法理解者等，當各種障緣一一浮現之時，學人又能有多少的定力面對呢！此即是在此土修行的艱難所在。

如世俗所言：「人生苦短」、「苦海無邊」等，即或只想簡單地過著自己的生活，即或不想參與社會過多的競爭，但整體來自於大環境的苦，實然是無有一人可以避免之。如經文所示：「飲苦食毒」，此於眼前的環境確然如是，因於水源、空氣、土壤等污染，導致食品安全出現極為嚴重的問題。設想：當有一天，所有的人都需要戴口罩才能出門，所有的人都儘量避免外出，所有的人都以通訊取代見面，如是的生活，到底還能有多大的樂趣呢！

即或如此，但一切皆有改變的可能性，若人人皆能先由飲食的習慣入手，多以天然的蔬果為主，讓餐桌確然成為大地的調色盤，無有任何一絲毫的葷腥之氣味，得令萬物各歸其所悠遊之處。

改過向善才能感得所願有成

「所作如犯，則自悔過。去惡就善，朝聞夕改。奉持經戒，如貧得寶。改往修來，洒心易行。自然感降，所願輒得。」

人生最難得的無非就是能承認自己的過錯，且真實地向對方懺悔，並如理如法的改過向善，以是翻轉人生，則所謂「自然感降，所願輒得。」亦必然成之。然人生最困難的地方，也就是能承認自己過錯，尤其是自覺有理之時，即或對方有不同的立場與看法，通常也難以接受之。更何況在現實的社會裡，多以強調要為自身的利益據理力爭之下，於是，能爭、敢爭才能得到更多的掌聲；反之，不願爭或不想爭，或被視為弱者、懦者或怯者。

實然，若能對於佛法因緣果論有更為深刻的體認，則今世所遭受到的一切毀謗與不如意，必然皆是有其前因，以是，當在面對逆境之時，若能真心悔過認錯，不但沒有怨恨心，一旦得遇機緣，更要協助對方，如是，才有可能翻轉惡緣為善緣，此是諸佛菩薩的教化，學人理應依教奉行。

如世俗之言：「冤冤相報何時了」，且依於人性而論，為人多喜入於歡樂的氣氛中，不願待在血腥暴力的環境裡，以是而知：唯有人與人之間能化除仇恨，才能營造人類共同的大樂園，此理，於古今、於中外皆然如是。惟化解的關鍵，不在對方，是在自己心行上要先能化解之。

❀ 彼此互為勸轉相教

「吾般泥洹，經道漸滅。人民諂偽，復為眾惡。五燒五痛，久後轉劇。汝等轉相教誡，如佛經法，無得犯也。」

當人類對萬物殘殺已成習慣之時，如是因於各種環境所帶來的問題，對於人類而言，可謂已到不知如何應對的局面。當人類視萬物為餐桌上的美味佳餚時，於是，本因僅止於萬物身上的各種病菌，於今已傳染至人類時，人類才大費周章地封城、封境，並要求：人人要戴口罩、減少團聚活動等一連串的措施，且當如是的各種疫情幾乎快成常態之時，想想：如是的人生到底還能有多少的樂趣呢！

如佛所慈示:「經道漸滅，人民諂偽，復為眾惡。」且看於今的局勢實然就是如此。現今對人類危害最大的，無非就是對疫情有效治癒的方法尚未出現，但當前人類可以做到的就是改變飲食方式。若能多以五穀雜糧、各種蔬果為主，如是的飲食習慣，不但可以減少環境的負擔，更能降低殺伐之氣。且讓：天上飛的鳥類自由地飛翔、地上跑的動物與水中游的魚類，皆能無憂自在，這是人類全然可以做到的。唯有人類的行為習慣改變後，才能還給大自然清淨的環境，顯然，所謂的環保：就是愛山、愛水，且愛惜一切萬物的生命。

改變習慣是不容易的，但若能彼此互相地多關懷、多勸勉，相信時日一久亦終能看到成效。

三十八、禮佛現光：佛勸禮念求見依正，現瑞證轉，彼此同見

與清淨平等覺相應的定心

「佛告阿難：若曹欲見無量清淨平等覺，及諸菩薩阿羅漢等所居國土，應起西向，當日沒處，恭敬頂禮，稱念南無阿彌陀佛。」

人最難掌握的就是自己的心，心思的起伏不定，心思的變化萬端，誠可謂是莫測難循。且觀所有的修行法門，無非皆是在以修定力為主，凡具定者，才能不依情緒起伏而處世，以如是而行之，或才有可能圓具理智與慈悲。同理，於修行淨土宗的學人而言，是特以稱佛聖號為修定的方法，若能持至一心不亂時，則自性本具的清淨、平等、覺，自能現前，深思：確然有理。

佛一再地明示：一切眾生皆本具如來的智慧德相，且觀現前當世的人，確有盡心於利益眾生之事，卻又不求任何的代價與回報，顯然，當如是的德行呈現之時，亦正足以說明人性確然如是的。同理，此人既可為之，則我亦將可為之，如是於人性充滿正向的思惟與力行方向，實然就是諸佛菩薩的願行。

當越專心於稱佛聖號之時，才更能驚覺於心思原來是如此地不

定，前一如幻的畫面尚未止息，下一如化的畫面又已然出現，如是的隨起隨伏，隨伏隨起的過程，就是修行的歷練。正因於心思的雜繁不定，故如經文所示：「應起西向，當日沒處，恭敬頂禮，稱念南無阿彌陀佛」，如是的指方立像，無非皆是要眾生能趣向於定心與定持。

樂於親近之則必能願生之

「阿難白言：彼佛淨剎得未曾有，我亦願樂生於彼土。世尊告言：其中生者，已曾親近無量諸佛，植眾德本，汝欲生彼，應當一心歸依瞻仰。」

如世俗之言：「相由心生」，以是而知：唯有相同的心念才能有相同的現相，以是而觀現前所見的一切人，無有完全相同的兩個人，即或是雙胞胎，亦將隨著年歲的增長，彼此的差異亦更見明顯。同理，習氣相同的人，也才能相聚在一起，故亦有言：「不是一家人，不進一家門」，正足以說明相與心的緊密關係。

即或是有心於修習佛聖的學人，能相應於何種法門，能得遇的師長與道兄弟大眾等，無非皆是百千萬劫的修行因緣所致。故亦如經文所示：「其中生者，已曾親近無量諸佛」，簡言之，即或今生才第一次得遇淨土法門，若能依法精進修行，無非就是在與諸佛親近之。故世尊一再地強調要學人：「應當一心歸依瞻仰」，一旦能深入八識田中，一旦能修學成習慣，一旦習慣成自然，則自能相應於諸佛的淨土，此理確然如是。

持名的方法，可謂是於現今的時代裡，是最為可行且易行的，不論是身在何處，亦不論所行之事為何，只要心思能置於名號上，則自可修習之。然如是看似可行且易行的方法，實際上亦甚為不易，主因在：心思的雜亂，與受外境的干擾，若皆能克服之，則必將可成。

能慈悲利他就是最大的瑞相

「作是語時，阿彌陀佛即於掌中放無量光，普照一切諸佛世界，時諸佛國，皆悉明現，如處一尋。以阿彌陀佛殊勝光明，極清淨故。於此世界所有黑山、雪山、金剛、鐵圍、大小諸山、江河、叢林、天人宮殿，一切境界，無不照見。」

諸佛有佛光可遍照三千大千世界，若將之反轉於自身，則每個眾生亦皆有諸佛的佛光，以是，若能再將此佛光施予他人，即是利他之行。有關佛光是無所不遍照的描述，若不能細思之，或將以為此僅是對諸佛威德的一種說明而已，實然，大地眾生皆有如來智慧德相，此是世尊的證悟所在，故一切眾生實然是皆可以自身的智慧、能力、福報等與他人共享，簡言之，一切眾生身上亦本具足正向的能量，而佛是最為圓滿的代表。

人的一生，若僅是為自身而營求，終將發現：如是的人生，雖看似無有匱乏，但卻缺少精彩與亮度。諸佛菩薩的心行，正是將小愛轉為大愛的最佳典範，亦唯有致力於「但為眾生得離苦，不為自己求安樂」，才能真正得成自己的心定安然。且在生命的長河中，他人得受用，亦等同自己得受用，利益他人才能真實利益自己，如是的體證，於生活力行中自能呈現之。

人生趨吉避凶的方法，無疑就是協助於他人，由小範圍而逐步擴大，此全然可行之，亦是必行之。

彼此同見的心靈相契

「爾時，極樂世界，過於西方百千俱胝那由他國。以佛威力，如對目前，如淨天眼，觀一尋地。彼見此土，亦復如是。悉覩娑婆世界，釋迦如來，及比丘眾，圍繞說法。」

世俗有言：「心有靈犀一點通」，此乃是在說明：當彼此心思是相同之時，則無論是在言語或行為上，皆將有其共通、相融之處。為人的一生，若能得有如是常常相契的朋友，誠可謂是人生的一大難得。惟所謂的相契、相應，若是立足於諸佛的心行，則其所見、所思無非就是要如何引導娑婆眾生能離苦得樂。

如經文所示：若娑婆眾生能持佛名至一心不亂時，則極樂世界將如對眼前，是為「此見彼」；同理，極樂世界亦如是地悉覩娑婆世界，是為「彼見此」，如是，則真可謂是「彼此同見」。惟此中的關鍵，仍在自身上，若能一心持佛名，且淨念相繼，則自能更近於佛；反之，若常懷有執著、分別與妄想，則將自是沉溺於所執所著之處，而終難以脫離之，想來：確然如是。

心思雖言最是難以捉摸，但卻又是最為關鍵之所在。當起一動念，若在加上其他的助緣，則將一步一步地趣往心思所行的方向而前進著，以是，終將完成：想什麼即現什麼的情況。至此，學人理應更有所領悟，與其散令心思妄想紛飛，不如集中心力於佛號持念上。

三十九、慈氏述見：佛問當機各述所見，彌勒問胎化因緣

因於清淨心的所見

「爾時佛告阿難及慈氏菩薩：汝見極樂世界，宮殿、樓閣、泉池、林樹，具足微妙，清淨莊嚴不。汝見欲界諸天，上至色究竟天，雨諸香華，遍佛剎不。阿難對曰：唯然已見。」

人與人之間的相處，之所以產生隔閡與嫌隙，大多起於分別心所致，簡言之，若對於所謂的上下關係，不能以彼此是互為協助成全為考量，則本應是上下和諧將轉為對立與緊張。在任何的社會團體裡，上下關係是一種分工的必然，但並非是以上下來界分彼此的差異與距離。同理，若能以如是的心態來對待萬物萬類，則萬物萬類與人類之間的關係，亦應是彼此互為和諧的相處，若真能如是，則將如同經文所示：有關諸天乃至極樂國土的一切景象，則皆將可呈現在眼前，此理實然是源於清淨心所致。

佛門有「月印千江」的比喻，如：一輪明月高掛天空，地面上只要有清淨的水，則皆可映現月影，且不論其是江海之水亦或是盆池之水，若能清淨則自可呈現明月於水中。此理用於自心亦然如是，若自心清淨無染，則宇宙萬有實然就在自心上，於萬物萬類更是如此。其

本與我同為一體，又如何忍心為個己口腹之欲而殘殺其生命呢！

試試看：以少一分的對立差別心，以待一切的人事物，或將可發現，原來生命之情並非有很大的不同，樂於安然是一切生命的本然。

因於清淨心的所聽

「汝聞阿彌陀佛大音宣布一切世界，化眾生不。阿難對曰：唯然已聞。」

佛門有「無情說法」之論，此理的關鍵仍在為人的心上，若心中多一分的慈悲心、感恩心，則任何的一花一草、一沙一石無非皆是諸佛菩薩在演說法義。即或是日常所用的一切物品，實然皆是在利益著大眾，若能以如是的觀點以相待所處的一切，則生命將充滿著熱忱，生活將更具多采多姿。

現今之人多有文明病的產生，大抵源於物質匱乏所致的為少，更大多的是因於心中的壓力與不安而產生。然內心的不安若僅是依靠外在的相關輔導或藥物治療而已，則其效果終將有限；此中，更重要的是自我內心的調伏。想來：所謂的「心生萬法生」、「一切法由心想生」、「萬法唯心」等如是的理論，雖言是佛法義，但確是最佳解憂煩的良方。

我們總是聽太多外在的聲音，又尤其在現今資訊快速流通的時代裡，每分每秒皆有新的訊息傳入，由一傳百千，一傳再傳；且一再地更新，更新再更新，重播再重播，當人人手上的一機是無法放下之時，如是的一人又一人，如是的一日又一日，至如是一切已然成為風潮後，此時，又能有多少人是能靜下心來，細細聆聽著自心深處的聲音呢！

當雜音太多，當只聽得到外在的聲音，又如何得以清淨心聽無情說法的盛況佳景呢！

入於人群的往來無礙

「佛言：汝見彼國淨行之眾，遊處虛空，宮殿隨身，無所障礙，遍至十方供養諸佛不。及見彼等念佛相續不。復有眾鳥，住虛空界，出種種音，皆是化作，汝悉見不。慈氏白言：如佛所說，一一皆見。」

若言：「此界即他方」，則現前一切的社會活動，於極樂世界亦然如是，唯兩者的差異在極樂國土是一諸上善人聚會之地。且觀在人類的發展過程中，不論是生活樣態乃至是精神層面的提升，此中最為重要的關鍵，就是思想觀念的建立與彼此取得共知、共識與共行。

由於隨著國際間的往來日益頻繁之下，則將如同經文所示：「極樂國土的眾生，是遊處虛空，且遍至十方供養諸佛。」此於現前的世間已然如是。更因於國際的往來更形緊密之下，真可謂是：牽一髮而動全身。除彼此之間的貿易、文化等交流外，現今全世界更將心力投入於公共衛生與環保相關問題上，且不論是經濟強國亦或是文化優勢的族群，皆不得不關注另一較為弱勢的國族與團體等，當此之際，實然是無有可以獨善其身之事，唯有能為十方各國處理解決問題，才能真正共享、共樂於安寧、和樂的世界國土上。

當傳播媒體已可無遠弗屆地深入世界的每個角落，顯然，人類是將更有能力團結所有的一切力量，共同達成世界永續生存的目標。

人物差異源於見地不同

「佛告彌勒：彼國人民有胎生者，汝復見不。彌勒白言：世尊！我見極樂世界人住胎者，如夜摩天，處於宮殿。又見眾生，於蓮華內結跏趺坐，自然化生。何因緣故，彼國人民，有胎生者，有化生者。」

誠如經文所示：極樂國土的人民，有胎生與化生的差異。此於現實的世間，亦然如是。即或經由各種管道的大力宣傳，期待人們能尊重一切生命的生存權，對於保護環境的措施能更積極的實證。但由宣導至生活上的確然落實，此中的過程誠可謂確然不易。此或是源於不同之人，對於來自環境的各種警示，其所具有敏銳度的深淺有關。若是一個常持事事不關己的人，又或是我行我素者，即或是已火燒鄰村，或尚有隔岸觀火的心態，想來：不同之人的習氣差異，最是現實世間活生生的寫照。

向有：「地靈人傑」之說，實然是甚有其深理所在。人與環境本是互為影響的關係，因於所處之地是高山、平原亦或是大海、小溪等，自然會形成不同的人物性格。簡言之，若為人善心強者，則自然能轉變不良風氣，同理，因於心地的貪瞋傲慢與計較不平者，其所造成最大傷害就是自己的身心健康。

且觀歷來的諸佛菩薩聖賢等，無不將其一生的最大心力用於理念的傳播，若思想觀念得以改變，也才有可能進一步轉換行為習慣，此確然如是。

四十、邊地疑城：疑惑佛智，但猶信罪福，續念得生，道止邊界

於佛智、於淨土的深信不疑

「佛告慈氏：若有眾生，以疑惑心，修諸功德，願生彼國。不了佛智、不思議智、不可稱智、大乘廣智、無等無倫，最上勝智，於此諸智，疑惑不信。猶信罪福，修習善本，願生其國。」

對於人生而言，大多數人大抵皆是隨著當其時的人事環境等因緣而生活著，此中，或亦有其所謂的方向正確性，例如：接受並參與當時所設定的教育體系，隨著年齡的增長而理應要工作、另組家庭等，若能如是而行，則父母乃至旁人多給予支持與讚美；然若不能如是，或大抵是有其特殊因素，亦或是需要歷經一段的革命以成。總之，當身處於既定的價值環境生活著，當大多數人皆趣往所謂正確的方向而行之時，能有心於修學淨土法門，實然更顯得不易與難得。

然即或有幸得聞淨土法門，且善根深厚而能信之、行之，唯此中的關鍵仍在是否能堅持到底，是否能深信不疑。在現實的環境中，尤其對於人事有諸多歷練之後，大抵多能感受到現實世間的各種煩惱與痛苦，於是乎，以一心持名念佛的淨土法門，實然是一可在百忙之中，

且不拘任何形式即可修學的方式，確然是大多數人所願意選擇之一，此亦或為是淨土法門的一大幸。

惟如何才能於佛智、於淨土能深信不疑，於修善、於願行能堅定不退，如是，或才可謂是真趣往佛聖之道的修行關鍵。

堅定與續念的互為增長

「復有眾生，積集善根，希求佛智、普遍智、無等智、威德廣大不思議智。於自善根，不能生信。故於往生清淨佛國，意志猶豫，無所專據。然猶續念不絕，結其善願為本，續得往生。」

在人世的歷練中，或可能遭遇被欺矇、詐騙等情事，如是，亦往往容易導致於人的不信任感。如是於人的懷疑與不信任，久之，一旦入於內心深處，不僅於人人本具的純良天性無法肯認，或於自己的善根亦不能信之，如是，實然對於修學佛聖之道是一大障礙。惟對於大多數人而言，大抵皆是有所選擇的，喜歡親近善知識，也大多相信並希求佛智與佛德，此是令人欣慰的；然卻又在另一方面於自身的善根缺乏信心，於自己的習氣多感自卑，一旦有如是的心態，則極容易導致於一方面是猶豫不定的，於另一方面卻又續念不斷，如是兩相夾雜的情況產生。

對於修學佛聖之道者而言，所謂的善根深厚，首先就是能肯認人的本性是純良的，且對於佛智有絕對的信心，若能如是，才可謂是真具有善根者。對於現前修學淨土者，大抵多願意持名念佛，但只因於日常有太多的雜事罣心，以是，大抵多是隨念即隨忘，然即或是如此，只要能繼續的堅持之，於隨忘之後又隨即提起之，相信時日一久，亦終能逐漸轉世俗之念為一心的持名念佛。

因疑猶心所導致的自受困

「是諸人等，以此因緣，雖生彼國，不能前至無量壽所，道止佛國界邊。七寶城中，佛不使爾，身行所作，心自趣向。亦有寶池蓮華，自然受身，飲食快樂，如忉利天。」

為人一旦心不能堅定，亦或是再三地猶豫，以此心態不論是在為人或處事待物方面上，實然是無法獲得心的安然與自在。例如：與人相處，於一方面無法全然信任對方，但亦不是否定之，於是，就在一邊觀察，一邊與之相處的過程中，如是即使歷經一段時期，終究是難以達到彼此互信交心的地步。故前人有云：「疑者不用，用者不疑。」於人情已然如此，於修學佛聖之道更是如此。尤其對於修習淨土法門者，其所仰賴的就是阿彌陀佛的本願加持，是以一心持名念佛相應於極樂世界的境地。

如經文所示：一旦是以猶疑之心念佛，即或得以往生彼國，但其果報僅是：「道止邊界」，雖有如忉利天般的一切飲食受用，但卻受困於城中而不能得出，且五百歲是不能見佛聞法，乃至不得見菩薩、聲聞聖眾等，亦因無法得聞法義，於是，因於智慧不明，故導致心不開解、意不歡樂，此乃可謂是自受困於猶豫心的結果。一旦於人、於事有所懷疑，如何破疑則成為首要的關鍵，一旦疑惑解除之後，則要一心的信願持之，如是，才能於己、於他產生真實的受用。

開展斷疑生信的智慧

「其胎生者，五百歲中，不見三寶，不知菩薩法式，不得修習功德，無因奉事無量壽佛。當知此人，宿世之時，無有智慧，疑惑所致。」

人與人的相處，貴在能彼此互信互重，如是的關係才能維持長久。此於，一切的人倫關係已然如是，於修學佛聖之道更是以「信」為首要。為人在處理一切人事物的過程中，難免會遭遇困難乃至疑惑不解之處，此中，若無有智慧與慈悲為之引導，往往在不明事實真相之下，則極為容易造成遺憾與日後追悔莫及的情況。

為人或多或少皆受到過去的習氣所牽引著，一旦常感自信心不足，又於他人無法全然信任之，此時，最好的辦法，就是先培養自信。如云：「信為道源功德母，長養一切諸善根」，簡言之，可以嘗試多布施於他人，不論是金錢、財物亦或是解說法義等，一旦能與他人多所互動，才能於人逐漸產生信任感，一旦能信他日久且範圍漸廣時，則自信心亦將一步步地積累而成。

佛門有五毒煩惱：貪瞋癡慢疑，疑病是為其中之一。惟所謂的信，意當指是正信而非迷信。所謂正信，即是於理解之後的確然信之，簡言之，當以智慧為根本而解除疑病的煩惱。極樂淨土是一深信佛力的境地，故一旦是懷著疑惑之心而持名念佛，實然是無法相應於此土的境界，此理是為當然。

四十一、惑盡見佛：知惑苦以斷眾疑，以無相智慧，趣佛菩提，當生佛剎

明信諸佛無上智慧以得大利

「佛告彌勒：汝阿逸多，當知疑惑，於諸菩薩為大損害，為失大利，是故應當明信諸佛無上智慧。」

佛門有「三惑」的法義：見思惑、塵沙惑、無明惑。依於修證的程度而有階次的不同：斷盡見思惑，得證阿羅漢；斷盡塵沙惑，得證菩薩；斷盡無明惑，即證成佛。簡言之，如何從最粗的煩惱，漸次提升至連最為微細的起心動念皆能觀照得到，並精進降伏之。一旦學人能如是地用心於煩惱的修學上，則將發現：時間流逝是如此的快速與無情；亦將感嘆即或多所用心於斷除煩惱上，實然一世的因緣甚是短暫，於是，更不會多感無聊而想到處走走看看。

在為人的一生當中，不同階段各有其所要擔憂之事，然不論是各種的煩惱，此中，最大的煩惱，無疑就是不能深信佛聖的智慧，不但不能依教奉行之，或有甚者，更自以為超人一等，想以一己的意識心揣測佛聖之道，此誠可謂是人生最大的災難。故如經文所示：若於諸佛無上智慧有所疑惑，此不但是諸菩薩的大損害，亦恐將失其大利。於此，學人當能謹記於心，理應斷除自以為是意識心，或才有可能相

應於諸佛的智慧心性。

諸佛菩薩是過來人，其以一生的行證來教化引導眾生，無疑就是得令一切眾生能離苦得樂，若於如是的智慧與慈悲，仍無法信之、行之，亦僅能感嘆眾生無福罷了！

由獨自享樂至衆樂的大樂

「慈氏白言：云何此界一類眾生，雖亦修善，而不求生。佛告慈氏：此等眾生，智慧微淺，分別西方，不及天界，是以非樂，不求生彼。」

於佛法的因緣論中，種善因，必得善果，此理當然。於是，佛多為眾生開演人天善法，以得人天福報，此中，無量的殊勝天界，就是享福的代表。然佛更為眾生開演斷除生死輪迴之路，期望學人能趣向求生淨土，以再來人乘願度眾，此無疑才是真正的超越生死輪迴的根本之道。簡言之，當對於生死之事能不再恐懼與害怕，才能在生死中而了脫生死，也就是說：已然無有生與死之事，往與來也只是為度眾而已，如是的超然，才可謂是究竟之地。

惟對於一般眾生而言，大抵皆是在生死之中而痛苦不堪，於是，若得有幸聽聞佛法，得知有涅槃可證，至此，精進於欣涅槃、厭生死，此即是阿羅漢的境界。然如是的心地，實然仍於生死有其恐懼與煩惱，確為非究竟之處，故佛再慈悲不斷地引導，以令再提升至菩薩無畏度眾的境地，如是才能於生死的束縛之中真超然之，此是佛的真大慈悲與大智慧。

人生最難突破的就是情執，尤其是身邊的家親眷屬，然即或是五倫情緣，彼此的相聚仍然是短暫如煙雲，如何轉幻化為永恆，此是佛的本懷，但眾生能真有體證者又能有多少呢！

於修福亦不可執著

「慈氏白言：此等眾生，虛妄分別，不求佛剎，何免輪迴？佛言：汝見愚癡之人，不種善根，但以世智辯聰，增益邪心，云何出離生死大難。復有眾生，雖種善根，作大福田，取相分別，情執深重，求出輪迴，終不能得。」

或有言佛法高深難明，然若能細心體察：凡眼前一分一秒地流逝，不論是否歡樂或厭惡，此中實然無有任何可被停留的人事物，且如是一秒一秒的過去，是今天也如此，明天乃至盡未來際皆然如是。惟若於此能有所體悟，則其後的心態建立將成為煩惱與解脫的關鍵。即或對於如幻的人生能有所領會，但若是以消極的心態度日，則將為世間的無常所困住，此即是凡夫的情執，亦是輪迴生死的主因。

若能深知人生短暫數十寒暑而已，不如多作些善事以求善果，然此中的難以突破之處，即是對於求福的積極，雖可得人天之果，但終不免於福盡再入輪迴，以是，仍無法得到真實的自在。或有自以為聰明者，於佛聖大法多所問難，不信因果、不種善根，自以善逞口舌與人辯論，如是難信難入之人，於修福尚且不能，又如何能興起出離生死的大願大行呢！

自性本是清淨，此是佛的根本法義。不但於世情不可執著，於修福更不可執著，保任本性的清淨，其餘，亦只是隨緣度日以影響他人而已，此中的自在，唯體證者可明之。

以清淨心行持一切

「若以無相智慧，植眾德本，身心清淨，遠離分別，求生佛剎，趣佛菩提，當生佛剎，永得解脫。」

佛法是以得證中道為究竟處，所謂中道就是將世情淨化後即是。簡言之，對於世間的一切人事物，當善盡自身的職責以協助完成，此中的關鍵，唯在但求無愧己心，至於成敗或結果亦當要能放下。或亦可言：於世間法能不染，於出世間又能不著，此即是中道。

對於凡夫眾生而言，大抵容易落於兩邊，或是耽於世情難以割捨，以是，情執深重，難得清淨自在，於此，佛特為眾生開演世間無常之義，以引領眾生能興起出離生死煩惱的根本。然於另一種人，於世間之苦多有體會，聞佛開演人天之果，於是，想積極修善作大福田，如是，佛又特為此等眾生，開演著出世福田的不究竟義。

佛是以一大事因緣而示現在世間，若學人亦能以自身的一世因緣，以待自己乃至一切的生命，必有其生命的價值與意義。若能如是而行，實然是可以突破如常人般的情執深重，以視自己如同他人。一旦能得自他不二之時，則將能善盡自己的能力與因緣以協助一切，此中，實然只有積極的成全，則當可將彼此的負面干擾降至最低。生命雖言短暫，但現前的苦與樂，實然是可以因於作為的不同，而產生不同的呈現，此或即是佛的引領本懷。

四十二、菩薩往生：此界、他方菩薩往生無盡

改變行為即改變命運

「彌勒菩薩白佛言：今此娑婆世界，及諸佛剎，不退菩薩，當生極樂國者，其數幾何？佛告彌勒：於此世界，有七百二十億菩薩，已曾供養無數諸佛，植眾德本，當生彼國。」

隨著大自然環境的各種條件改變之下，全世界所要面對的問題，於各國或有所當其衝的棘手問題極需面對。但於現階段而言，如何控制疫情不斷地蔓延，實然可謂是無法界分彼此的。當隨著資訊的不斷更新發佈，當國家數與確診數亦正在逐日增加中，人心的惶恐不安實然已是不言可喻。然有其果必有其因，除為對抗疫情所當投入的心力與措施外，更重要的是當要如何調整既定的觀念與生活習慣，此才是根本的解決之道。

若以極樂世界為一美好樂園的象徵，則其環境營造與生活樣態，正是處於娑婆世界的人們所應效法與學習的。簡言之，若能利用此次的疫情，促使更多的人能夠覺醒，而此中最容易且可實際做到的，就是提倡蔬食的飲食習慣。當飲食的觀念與方式能夠調整，其將對整體的生態有極大的幫助，不但可以減少碳的排放量，更是對於身體有最

佳的防護機制。

人當有「無知之知」：即對於所不知的領域，能知自己的無知。大自然的奧妙，絕非人類可以全然了知的，但人類可以作為的，就是保護並維持生態的平衡與發展，此將攸關人類未來的命運。

❀ 小行漸積可成大德

「諸小行菩薩，修習功德，當往生者，不可稱計。」

大自然的奧妙，在於其雖有不同的萬物萬類，但彼此之間卻又能維持著整體的生態和諧。如世俗之言：「物以類聚」，不同的環境，各有其不同的物類生存著。對於大自然而言，不論是極寒之地，或是赤道所在；不論是植物或動物，更不論其生存的壽命長短等，凡一切存在現象皆是大自然的家人。

人類或許更應向大自然學習生活、生存、生命之道，凡一切萬物萬類實然皆是大自然的家人，人類亦只是其中之一而已。此中，唯有以莊重之心，以尊重一切生命的尊嚴，此才可謂是明智之舉。當人類為貪得口腹之欲，而對萬物乃至大自然造成極大的傷害之後，於今，事實亦已證明，人類終將為自己的行為付出最大的代價。或許個人尚無法作出對人類有極大的貢獻，但若能先由飲食入手，不但自己能茹素，也影響身邊的人如是而行，此看似「小行」，亦將如同經文所示：「諸小行菩薩，當往生者，不可稱計。」

科技已日益進步發展，但人類除享受其所帶來的便利性之外，又將如何才能活得更健康、美好、自在與安然，此無疑是全人類共同的心聲。雖看似小小的一步，但對於整體大環境終將產生極大的影響，當人類正努力控制地球的溫度時，不妨就從改變個人小小的生活習慣開始吧！

廣納他方無所不遍的心量

「不但我剎諸菩薩等，往生彼國。他方佛土，亦復如是。」

人因於所出生的環境與所處的人際關係，更因於彼此之間的互動深淺，於是，大抵多有本位主義，亦大多以能嘉惠最近於自身的人事物為主，此於人情上似乎是可被理解之。然為人的可貴，或關鍵亦在此，如何在己與他之間，能有更多的互融與互助，此無疑是佛聖一生所追求的人生境界。

設想：當所能施予的資源，能更廣遍地普及於四方各地，則所能受惠者亦將更為多元化，以是，所謂的本位主義，或能逐步被打破。且觀經文所示：往生極樂國土者，是來自於十方佛土，而不可稱計。學人或當可先修習如是的心量，即或於國際間有其國籍區域的限制與管制，但祝福之心是可以不分國界的。尤其，當於現今所面對的困境中，即或資源乃至人力已然被限制，但資訊的往來關懷確然已超越有形的界分，此亦可謂是現今時代的特殊性。

依於科學的說明，世界的構成是由各種的粒子所形成，此於佛法則稱為「微塵」。一微塵為一世界，一世界仍有無窮的微塵，簡言之，不論是依於科學或佛法，其根本的論述，則是：凡一切存在皆是互為彼此的關係。亦可言：若以為只要自身得益即可，以如是的心態實然是無法契入佛法的核心價值，此亦是佛聖與凡夫的根本差異所在。

領解時空間的無窮無盡

「十方世界諸佛名號，及菩薩眾當往生者，但說其名，窮劫不盡。」

人的一生好似在旅行，從一上車開始，將逢遇各種不同的人事物，且在每一個停站點，總有些人要下車，也總有些人上車來，而這生命列車也總是一站一站地向前推進著，直至自己亦有下車的一站。而其他尚未完成旅程者，則仍將繼續其後面的行程。

不論是生命列車，亦或稱為時間列車，雖或有個人的起與終，但對於整體的生命時間，其總是永不停歇地向前推進著。其看似如是的有情，卻又如是的瀟灑不執，隨著時間的推進，其不但帶走童年，乃至中年與老年，其也終將沖淡一切的喜怒哀樂。即或有心想審視每一個過往，但也彷彿無法留下任何的片刻。

佛以極樂世界的殊勝無量，一再地提醒眾生，當求往生之，如是佛的本懷，眾生又當如何領解之。若學人能先觀照己身，凡所吃用，乃至一呼一吸，正所謂是：一切存在皆是互為因果的關係，此理當可明之。既然如是，則一花一草，乃至一沙一石，無不皆是大自然的賜予。如是，則個人的成就，實然皆需仰賴全體以成之。再觀照個人的生命，實然甚為短暫與有限，且何時步下生命的列車，又是一未知數，故若不能培養無量廣闊的時空間觀，則即或用盡一生的心血以求得自以為是的自傲，實然亦是幻化如煙雲而已。

四十三、非是小乘：讚念佛第一以勸信，勸依教奉行而勿疑

相應於本性將自得歡喜心

「若有善男子、善女人，得聞阿彌陀佛名號，能生一念喜愛之心。歸依瞻禮，如說修行。當知此人為得大利，當獲如上所說功德。」

對於世俗的一般人而言，大抵多喜新厭舊，尤其是在物質方面，商家總想方設法不斷地推陳出新，以吸引消費者的購買欲望。惟即或能跟得上流行腳步，能在物質方面擁有豐富的享受，但依然無法徹底解決內心的欲求不滿。顯然，真正得令人生感到有其價值與意義，實然與物質的關聯是較少分的，更多的方面是心靈的充實與滿足。

若學人能夠更為細膩的觀照，終將發現：凡是能與本性相應的道理，其是百聽不厭的，即或是重複再重複，修習再修習，仍然是意猶未盡，於此正可明證，能與本性相應、能彰顯本性才是為人所應積極致力之所在。以是，佛聖之道對於初聞者而言，自有其當下的領解，然當年歲漸長之時，又將有另一番新的悟得，此看似是佛聖的魅力所在，實然亦是自性的流露與呈現。

於今，能積極力行佛聖之道者，相較於世俗之人則是甚為少分中

之少分，此中的關鍵，看似是因於外在環境的誘惑過大，此雖是其中因素之一，然為人終具有純善本性，若能更為全面整體的引導與修習，則將有不一樣的世界示現。簡言之，如何更為積極地引導人的善性，才是現階段可行且當行之一大事。

一心一念一佛號是為第一

「心無下劣，亦不貢高。成就善根，悉皆增上。當知此人非是小乘，於我法中，得名第一弟子。」

當外在一切的知識不斷地更新再更新，當一切的科技產品一代比一代更為精密快速時。在此大環境之下，若能靜得下心來修習佛聖之道，此是一種向自我內心探索之「內學」，其與外學相較，則無疑顯得甚為難能與可貴。於現今的社會，若發生事故或爭端，大抵是先責備他人，例如：一場活動結束後的檢討工作，通常多在尋找代罪羔羊，一旦被發現之，則所有的矛頭或將全指向於此，或唯有如是，似也才能完成一份所謂的檢討報告。

佛聖之道即是內學，簡言之，只檢討自己，不檢討他人。此無疑才是人品的向上提升之道，於此，淨土法門總要學人聞得佛名，即以一心稱念，此中的殊勝唯實證者可明之。然於現今之人而言，或以為此修行方法過於簡易，以是，多不放於心上，更遑論能力行之。然如經文所示：「當知此人非是小乘，於我法中，得名第一弟子。」想來：為人的一生，能一心一意稱念一佛名號，久之必能與佛德相應，必能與佛貌相仿。當身處於如是外圍甚為紛擾繁雜的環境中，能具有毅力恆心且持續不間斷的一心向上，如是的心行，已然近於菩薩，故於佛聖之道上，確然可稱為是：第一弟子。

安住於當下的一呼一吸間

「是故告汝天人世間阿修羅等，應當愛樂修習，生希有心，
於此經中，生導師想。欲令無量眾生，速疾安住得不退轉。
當起精進，聽此法門，為求法故，不生退屈諂偽之心。」

佛法的根本要義，若可一言以蔽之，則大抵可以說就是：凡一切眾生與我皆同為一體。簡言之，是依於本元本性為論，並依於本元以待一切眾生，則所謂的差別相，一皆只是各所加的因緣條件不同而已。惟如何才能體證此一本元，則將成為修行的根本所在。且觀歷代的各宗學門，不論其所使用的修行方法有其各別的不同，但一皆是要學人能先放下一切的妄想執著，以安住於那一呼一吸的每個當下，此每個當下就是我與一切眾生的本元。

惟依於現今的環境而言，當科技物質如是地進步與繁雜時，人們已然太習慣於在差別相中一爭高下，與他人的相處應對，皆是依於各自的習氣而直接以回，且又自以為唯有如此才是真性情的表現，實然是無法依於同理、同心而自處或處人，一旦習於如是的態度，又如何能體證佛聖立足於本元的用意。

淨土法門的修行方式，要學人一心一念於佛名德號上，無非是要學人先修習去捨繁雜的世俗習氣，當久久功純之時，或才有可能逐漸將心思置於本元上，如是以待一切眾生，自能有不同的風光與心境。

一心保持於佛聖之法的難得聽聞

「彼無量億諸菩薩等，皆悉求此微妙法門，尊重聽聞，不生違背。多有菩薩，欲聞此經而不能得，是故汝等，應求此法。」

生活於現前的世間，一切的人事物是如此的繁雜，又將如何才能擁有純淨的心思呢！顯然，在忙碌的現代生活裡，最能時時用功的方法，無疑就是一心持名的淨土法門，只要有心修學，其將不受限於任何的時間與地點等。若再進一步以觀一切的修行法門，其是否能得成就，最關鍵之處仍在個人的信心與毅力上。此於淨土法門亦如是，如經文所示：「多有菩薩，欲聞此經而不能得。」以是而知，是否得以聽聞已屬不易，於聽聞後又能積極力行，於精進過程又能不生疑悔、不生退轉心，此誠是深具善根者。

現今是一各種資訊極度傳播快速的時代，處此環境當下，不必擔憂於資訊來源不足，而當深慮於各種資訊的選擇。或有人故意傳播擾亂民心的錯誤訊息，即或對於如是行為者有相關的罰則，但總有人心存僥倖。亦有：於接收到訊息後，無法有正確的判斷，即刻再轉傳於他人等。如是的現象，在資訊爆炸的時代裡已成常態。

學人當有如是的感慨：唯有能聽聞正法，且能幸受奉行者，才是真幸福的人。亦唯有真有體證者，才能深明正法於為人一生的重要性，凡於此能有得者，其餘則皆已淡然之。

四十四、受菩提記：受持不退無疑，決定得生、受記佛讚

種善因必得廣大助緣

「若於來世，乃至正法滅時，當有眾生，植諸善本，已曾供養無量諸佛，由彼如來加威力故，能得如是廣大法門。」

在人生的每個歷程中，任何的階段皆須仰賴甚多的貴人相助，不論是父母、師長、兄弟乃至親朋好友等，彼此可以說是互為成長的關係。為人若能在此有多一層的體認，簡言之，如何能深知他人所給予的恩惠，或才有可能將感恩之心引發出來。在現前的社會環境裡，或因於物質過於豐富，以是自嬰孩開始，一切吃喝用度皆如是的容易取得，且再加上五光聲色的各種渲染，當時長日久後，要再想返歸清淨的自然本性，恐將耗費更多的時間與意志力。

如世俗之言：「先入為主」，當在孩童之時，若能先以佛聖之道以為引導之，待耳濡目染漸至成為習慣時，其後如何保任其不退轉，則將成為一生最重要的功課。如經文所示：「當有眾生，植諸善本，已曾供養無量諸佛。」顯然，任何人的一生遭遇，皆是其來有自，簡言之，助人者人恆助人，此是必然之理，此即是因果的自然現象。

為人能於聽聞佛聖之道後，即能信受奉行，此人必於無量過去世

與諸佛結無上法緣。思惟至此，想來：人的一生，雖有各種恩情，但一皆不如法緣、佛緣為最殊勝難得。即或親恩再深重，亦終須一別，不如致力於佛聖之道，才能化短暫為恆久。

勝解才能樂於修持

「攝取受持，當獲廣大一切智智，於彼法中，廣大勝解，獲大歡喜，廣為他說，常樂修行。」

為人即或有心修學，但如何才能恆保不退，則成為凡與聖的根本差異所在。對於大多數的人而言，一旦能聽聞佛聖之道，大抵皆能觸動其初發心，於此即可明證：佛聖之道本與自性相應，故一旦聽聞之，則必能有所戚戚焉。然又為何總是凡夫多，而成就佛聖者少，此中的關鍵則在個人習氣的對治上。對於凡夫而言，多喜被稱讚、被肯定，惟如此亦僅是人情之一而已。但人事的錯綜複雜，亦是世間的必然，故所謂的修行，就是能在現實環境中，於逆境能如如不動，於順境亦能如如不動，如是能於世間的超然，則世間即是佛國淨土，同理，於佛國淨土亦能不執不著，如是的攸然自在，是謂真超然、真自在。

對於法義是易或難，歷來或有不同的解讀。大抵而言：佛法是「知難行易」，此中的「知難」其義是：能深悟之甚是困難，一旦能有所悟得，則自然能放下，一旦能了然放下，自能行持不退轉。惟對於一般的大眾而言，如何能觀得眼前的一切存在現象，一皆是極為短暫的一種幻化而已，此於理上，或可以解悟之，但要實證於行為上，若無有深厚的善根因緣，確然極為不易。以是，佛門一再地強調：「勝解」，唯有殊勝的體悟，才可實然放下。

融個己以入整全的生命體

「若有眾生，於此經典，書寫、供養、受持、讀誦，於須臾頃為他演說，勸令聽聞，不生憂惱。乃至晝夜思惟彼剎，及佛功德，於無上道，終不退轉。」

想當年悉達多太子在遊走四城門之後，於看盡世間的生、老、病、死等現象，再反轉己身而思惟：即或貴為太子，即或日後將繼承王位，即或是擁有最高的權勢者，其終將無法免除生死的問題，此即是釋尊當其時的領悟。顯然，無論是任何身分的人，終將歷經生死之事。或有人以為：只要能活在每個當下即可，又何必杞人憂天以談論渺不可及的未來世界呢！此理，初看似或有其理，然深思之，實然就是不敢面對生死大事而已。

對於時間的推動而言，個別的生命存在亦皆各有其限定，以是，若所思考僅止於個己的生命存在，則確然是有其生又有其死，一生一死終將是輪迴不已。同理，若所思考是全體生命的成就，是以相助於一切生命為個己的存在價值，一旦將個己融入於全體中，則生命確然是整全且是生生不已。

為人處於世間，必受當其時的思惟影響，以是如何能將佛的知見勸令他人得以聽聞，於聽聞後能知、能解、能行，以至終能證得如佛般的智慧與功德，則如是的個己生命，則確然可等同於諸佛菩薩，故當為正法久住世間而努力，此是學人所應致力之處。

同一佛心則同受佛讚

「彼人臨終，假使三千大千世界滿中大火，亦能超過，生彼國土。是人已曾值過去佛，受菩提記，一切如來，同所稱讚。」

為人既生存於世間，自有其要面對與克服之所在，不論是個己的健康、學業、工作等，乃至所涉及的家庭、社會等，如是層層疊疊的問題，總是令人費盡心思，甚且是心力交瘁，以是，能一心一意於佛聖修學之道上者，誠可謂是鳳毛麟角。如經文所示：「假使三千大千世界滿中大火，亦能超過。」此即是在明證：修學能不退轉者則當如是。且能如是之人，其亦必當早已修學無量劫，簡言之，當自身有退轉之念時，正是自我用功的當下。唯有不斷地突破再突破，不斷地提升再提升，則同證菩提、為佛同所稱讚，亦將當然。

人人皆有一顆純善之心，此是一切佛聖所同肯認，簡言之，整個世間理應是一大淨土，然又為何世間總有甚多的紛爭、戰亂與人為的種種破壞呢！或可言之如是：主要關鍵在於引導方向已出現危機。當整體世界是以經濟繁榮為主調，是以消費刺激生產為主要的帶動方向，此時，人人皆往所謂的物質富庶所努力，或可於生活上帶來更多的便利，但相對所衍生而出的環境、氣候等問題，亦終將回到所有的人類身上。以是，當學人已行走在正確的方向上，如何自定又能引導他人，將成為修學重點。

四十五、獨留此經：末世求生勿疑，慈愍留經百歲，值經隨願得度

返歸於自性的安然

「吾今為諸眾生說此經法，令見無量壽佛，及其國土一切所有。所當為者，皆可求之，無得以我滅度之後復生疑惑。」

當此世代，每天充斥著大量的資訊，以是，大多數的人都是一機在手，任何時間、地點，亦總是緊盯著小小螢幕上的畫面，或時而面露笑容，或時而表情凝重，或時而手指快速移動著，甚或時而嘴裡爆出音聲等，總之，這小小的框架早已將人們的心思全然鎖住於其中。

惟人終將是要有所歸宿的，或可先不論有形的休憩處，實然，更重要的是心靈的家鄉。且又終將發現，即或知道甚多的資訊，若不能是有理智的判斷與選擇，則大抵是更多的人，皆極容易受資訊的波動干擾，以是，才會有資訊謠言的充斥與轉傳，於是，帶給人們更多的焦慮與不安，即使是一點點的風吹草動，也會造成人們的恐慌與搶購等，至此，亦只能感嘆：可憐的人們啊！

同理，若能將時間與心力，或多致力於與自性相應的法義聽聞，一旦時日漸久，則心靈亦將獲得漸次地安然自在，至此，所謂自性歸處則將成能自我確證之事。若能至此，則即或外在的人事境緣有其複

雜與困難，但在每聽聞法義的當下，實然就是人生的最高享受，於此，則對於世俗原所謂的吃喝玩樂等事，亦將逐次淡之。顯然，真正的心靈歸處，確然是：在內不在外、在己不在他。

奉行經義的難能可貴

「當來之世，經道滅盡，我以慈悲哀愍，特留此經止住百歲。其有眾生，值斯經者，隨意所願，皆可得度。」

為人大抵於青少年時期，總想快快長大，能有朝一日可以離家獨立，最好是能遠離父母，甚或至他鄉發展。然即或一如所願，但至中年之時，或又多有想回鄉之念，然或因於各種複雜因素，往往已無法亦或不能如是之時，於是，返鄉或也只能成為夢境而已。想來：人之所以想離開原所來處，大抵是無法確然深知真正的歸處在何方。

佛聖之道的殊勝，則在於得令學人能先立於本所來處，簡言之，無形的自性是一切大地眾生的原處。或亦可言：人們所應精進之處，並非是外在的物質追求，更不是光顯自己而抑制他人，相反的，唯有協助他人共同成就，才能真正踏上回歸原鄉之路。唯此中，若不能聽聞經義或親近善知識，且又處此資訊與物質極端發展的現實世間裡，要想憑藉自力以保持純善的自性，誠可謂是困難中之困難。

如經文所示：「特留此經止住百歲。」學人於此，則理應更要把握能親近或聽聞經義的良辰佳機。想來：人生是有期限的，更有其興衰之時；於年輕之時，或要工作、養家等；大抵一旦步入中老年，體力與心力已大不如前；如是的一蹉跎，一世因緣又已然將近，誠可嘆哉！

恆持永續的信心與艱難

「如來興世，難值難見。諸佛經道，難得難聞。遇善知識，聞法能行，此亦為難。若聞斯經，信樂受持，難中之難，無過此難。」

在人世相處的過程中，有甚多重要的事情是一定要排入行事曆中，更多的是每年有固定的活動，是一定要想方設法參與的，若不能如是而行，則彷彿將是生活上的一大缺憾。尤其是地方上的特殊慶典，是集合大眾擬聚力最佳的時候，於是，人們也就在期待著、準備著這場年度的盛事。又尤其是國際上的體育大賽，更是各國選手長期訓練與展現的時機，此無疑是不可缺席與獨漏的。惟不論是如何的重要聚會或展演，一旦遭遇災疫之時，則全然不得不放下，或言此乃不得已之事，然或於此中亦可領會：實然是無有不可改變之事。

然於另一方面，或更能體悟如同經文所示：對於得聞正法，得遇善知識，乃至能信受奉行，甚且是恆持不斷，誠可謂是難中之難。亦可言：人生或皆是生活在隨時變動的環境中，但如何於此中又能真實把握恆常之道，則應是學人所當自我勉勵的。

在人生的過程中，理念的建立是為第一步，但唯有能堅定志氣，以行事的毅力才能決定心靈的方向，而心靈的充實與滿足，則將為生命帶來真實的價值與意義。一期的生命雖言短暫，但相續不斷的心靈方向，則早已寫出未來的劇本。

❀深信者必是非凡

「若有眾生得聞佛聲，慈心清淨，踴躍歡喜，衣毛為起或淚出者，皆由前世曾作佛道，故非凡人。若聞佛號，心中狐疑。於佛經語，都無所信。皆從惡道中來，宿殃未盡，未當度脫，故心狐疑，不信向耳。」

或許多有如是的經驗，特別喜歡某種事物，或初見某人則有熟悉的感覺，此於佛法而言，皆是過去生中的因緣所致，簡言之，一切皆是有其前因與後果的。若得聞佛聲即踴躍歡喜，甚或感動而淚出，則皆是前世曾與佛門有緣，於今再得遇之，自有如是的自然反應。反之，若於佛聖之法不喜聽聞，甚或會以此而取笑他人為迷信者，如是之人，因其疑心病重，若欲反轉之，則將更具耐心與毅力。

佛門特重以「信」為入，若無法真實相信：一切凡夫與佛聖之德本無有差異，此是第一困難。在世俗之人中，有所謂號稱「鐵齒」者，其只相信眼前可見的一切人事物，無法領會另一看不到的影響因素。實然，學人若能以真誠心、恭敬心、平等心以待一切萬物萬類，則將更有所體悟：一切事情的完成，除有形的規劃進行之外，更多是無形的助力以成。大抵人們多願相信自己所見與聽聞，但在整個宇宙之中，除各種人的議論之外，更多是來自於大自然界的各種聲音，除人籟與地籟之外，則亦應有無聲之聲的天籟，然此唯有契入者才能信之。

四十六、勤修堅持：囑護無上深法，順教護法久住，常念修善求生

弘揚佛聖之道的人才難可值遇

「佛告彌勒：諸佛如來無上之法，十力無畏，無礙無著，甚深之法，及波羅蜜等菩薩之法，非易可遇。能說法人，亦難開示。堅固深信，時亦難遭。」

當資訊大量被廣傳著，當言論自由已達某一上限時，當彼此的往來互信必須仰賴錄影錄音才可為憑證時，如是，看似已成生活上的常態，卻是人心早已喪失純然的本性。若能觀於全世界現今的局勢，或許更能體會佛聖之道的難能可貴，當人們將拼經濟置於生活上的第一位時，且為求每年的經濟成長率，於是，總要想方設法的開發新產品，然往往是才剛推出即已被淘汰，如是，亦只能促使每個人的步伐更加地快速，當日復一日的，其所帶來的後果，就是現今全世界所面臨幾乎無法處理的問題，例如：因氣候變遷所影響的糧食短缺、病菌災疫乃至各種污染環境的垃圾等。

人生最難得的，無過於是將生命的良能發揮出來以造福全世界，如是的生活才是真正為人之道的價值與意義，且如是的心行，本就是為人的天性。然當大多數人早已習於爭奪、奔競乃至以犧牲他人來成

就自己的私利為滿足時，如是一旦蔚為風氣時，則佛聖大道的自性之學，若想要發揚光大，勢必要付出更多的心力才足以引導扭轉之。顯然，最難得的就是人才，且如是的人才，除能講說之外，更要能深具智慧與慈悲、以身作則成為榜樣與典範。

守護傳承的重責大任

「我今如理宣說如是廣大微妙法門，一切諸佛之所稱讚，付囑汝等，作大守護。」

為人的一生，實然甚是短暫，才記得尚在孩童之時，而後出社會工作，若干年之後，卻已在準備退休之事。即或身體尚堪可用，但心力卻已大不如前，如是，才突然驚覺，一生的年華即將過去，至此，或許已正在規劃甚多的身後之事。惟此中最重要的，莫過於是傳承的問題，尤其是攸關一家的興盛，凡有遠見者，其所在意的，絕非只是眼前的一時獲利而已，其眼光將置於如何才能為後代子孫立下最佳的傳承之德，亦唯有德行的養成與傳承，才能促使一家能立於十代乃至百代而不衰。於一家尚且如此，若於一國乃至全世界更當要如是。

為人本具天性，如何將此天性彰顯且更能發揚光大，此是全體人類的共同心聲。若問之於天下的所有父母，其最大的期望無非就是能教育好自己的子女，使其能成為社會的貢獻者，而非社會的負能量。簡言之，如何傳承正能量才是根本重點，然此又絕非只是要子女能背誦幾本經書而已，最重要的是，父母要能以身作則成為子女的學習模範。例如：當父母能盡孝於祖父母，則子女自然就能耳濡目染，其亦自然能對自己的父母能得盡孝道。此看似理所當然之行，但若能人人、家家皆然如是，則世界自能有不同的氣氛。

由己身之行而推廣於他人

「為諸有情長夜利益，莫令眾生淪墮五趣，備受危苦。應勤修行，隨順我教，當孝於佛，常念師恩。」

所謂的人身難得，其意在於生命的不可被取代性，然生命之所以言其可貴，則在於是能將生命的良知良能發揮出來，如是才可謂之為寶貴，簡言之，若沒有責任、承擔或使命的生命，亦可言是無有價值的生命。試想：此一身體，能得以成長至如今的狀態，此中必須歷經種種的考驗與艱難。惟一旦獲得此人身，則需再進一步思考：何謂為人的標準？人有賢愚凡劣之分，或亦可言：所謂的人身難得，則可重新解讀是：「能維持為人的標準是為困難」。

在現實的社會裡，個己的行為是會帶來正能量，亦或是造成社會的損失與浪費資源，此中，皆是個己在行事之前所應一再思惟的。且觀，即或全世界眼前正面臨著空前所未見的疫病問題，但如何才能集中心力於所當為之，與所應避免之事，而不再只想著自身的隨意而行，簡言之，若個己不能有所節制，則此場的災疫將如何演變，實然是聰明的現代人，恐亦將是難以推估與測知的。

佛法的要旨在於實證力行，而實證的關鍵必在與人群的相處過程中獲得，亦可言：唯有深入群眾，才能真正破除我執。然與群眾的相處，又當如何才能安然自身心且影響他人，則將是生生世世的功課。

護法久住由我開始

「當令是法，久住不滅。當堅持之，無得毀失。無得為妄，增減經法。常念不絕，則得道捷。我法如是，作如是說。如來所行，亦應隨行。種修福善，求生淨剎。」

在人世的相處中，最難得的就是能自我先立於正信正念之下，且又能堅固道心，不因於任何的外緣牽扯而退轉。惟此中的關鍵，若能心中有佛聖的經教時時在提醒著自己，或才有可能得以念不退與行不退。反之，若不能深入經教，不能依法修行，則想在滾滾紅塵中而不退失道心，實然是甚為不易的。故如經文所示:「當令是法，常念不絕。如來所行，亦應隨行。」如是的提點，無非是要學人，能每一腳步皆立穩根基。

如世俗所言:「勿以善小而不為」，行事實然是無關於大或小，任何的大，亦皆是由小而始，故每日能常保小小的善心與善行，久而久之，自能逐漸建立穩定的心行。以是，佛聖的教法，終不離以斷惡修善為基礎，故廣修福德是為修學佛聖之道的第一步，不但自己逐步踏實而行，且能引導他人亦相效而行，如是由點而線以至面，則所謂的淨土將自自然然地在眼前呈現。

人生的苦悶，來自於物質的方面所佔比例較小，然一旦心靈感到空虛與匱乏，則將是一切外在事物所無法滿足之，而佛聖之道其所涵養眾生的部分，正是心靈的悅樂之法，是為人生之所必須。

四十七、福慧始聞：昔修福慧聞經，持演救世，信受得度

自修自得的福慧與福德

「若不往昔修福慧，於此正法不能聞，已曾供養諸如來，則能歡喜信此事。惡驕懈怠及邪見，難信如來微妙法，譬如忙人恆處闇，不能開導於他路。」

佛法以信為入，如《華嚴經》所言：「信為道源功德母，長養一切則諸善根。」若能真信：「一切眾生本具如來智慧德相」，既是本覺本具，則當可恢復之，同理，不覺與無明既是本無，則當可去除之，如是，則對於佛聖的教導當能興起最大的信心而依教奉行。若能真信：「一念遍虛空法界」，則當更為謹慎於每一個起心動念，以念念皆能回歸於佛聖的德號上，依之而興起對眾生的無緣大慈與同體大悲。

由深信之才能解之與行之，同理，依於解與行，則將更增助於信的深入，亦可言：信、解、行實然是不可分的。然又如佛法所強調的：「因果通三世」，對於多數之人而言，與一切事物的初次接觸，通常的反應大抵是以表面意識為多，例如：看見一個物品，當下有「好好看」的反應，此大抵多是表面意識。然為人除有表面意識，尚有：潛意識、深層意識，與最深層意識。或可檢視看看：對於一項全新的接觸，於

初接觸時，雖尚未全然理解之，或亦可謂：其甚是難以被全面瞭解之，雖言如是，但自身卻又能安然且靜心於聽之與習之，如是的過程，可謂是最深層的意識已然被啟動。

恆持一心的目標

「唯曾於佛植眾善，救世之行方能修，聞已受持及書寫，讀誦讚演并供養。如是一心求淨方，決定往生極樂國，假使大火滿三千，乘佛威德悉能超。」

佛由人成、佛由人作，故佛法一再地強調由信、解而行、證，凡能依於諸佛菩薩的教導，則自能得證與諸佛同等的智慧、德能與相好。故真信佛者，則必將是真行者，簡言之，若僅是想依於祈求、拜禱的方式，以獲得諸佛菩薩能恩賜富貴、平安，則實然是不解如來真實義。或亦可言：於世俗之人，若不能在觀念上提升自己，若不能在行為上力行改變自己，則諸佛菩薩即或有無量的慈悲，實然亦無法為凡夫增加任何的一分福慧。

人生的禍與福，皆是為人自己召感而來的。個人有個人的業報，同理，家庭有家庭的因緣，於社會、於全世界皆然如是。佛法的因緣果論，正為說明：一切成果的決定權皆在每個人的身上，於任何團體與社群皆然如是。眼前的世界即是一因緣果報所呈現的世界，雖有共業，但亦有別業，若人人先能在別業上努力扭轉之，則共業亦將有轉變之期。

若自問自己：此生的目標為何？若但為自身求安樂，則終將發現：確然是「萬般帶不去」，即或用心計較一切，自身亦終將是一無所有。

至此，或才能明悟：諸佛菩薩恆持一心但為眾生的目標與方向。

以佛聖為典範而追隨之

「如來深廣智慧海，唯佛與佛乃能知，聲聞億劫思佛智，盡其神力莫能測，如來功德佛自知，唯有世尊能開示。人身難得佛難值，信慧聞法難中難。」

為人之所以要修行，簡言之，就是希望能生活得有意義、有價值，且所謂心靈境界的提升，無非就是能安住於每個當下，當境界來臨時，是面對、處理與放下，亦可言：是不選擇境界，更不逃避境界，如是才能在每一次的境界中，去除自己的無明與習氣，若不能如是，則將只是在隨順自己的習氣而已。

所謂的實修、實證，就是能於每個境界的當下，皆能如是地改變、提升自己，藉由每次的因緣而逐步地回歸本自具足的清淨本性。故當能如是實修、實證至圓滿境地時，則將如同經文所示：「唯佛與佛乃能知」，簡言之，唯有曾歷經過的人，才能體證此中的心境如何，外人或也只是一種想像而已。佛法之所以一再地強調「信」的重要性，實然就是要學人能真信此身的難得，佛是依於人而成就，一切的佛聖就是典範，顯然，所謂的佛聖，就是能將本自具足一切智慧與德能的本性，落實呈現於世間的孝悌忠信、禮義廉恥、仁愛和平上，既有如是的典範在眼前示現，則學人理當更深具信心，趁得此人身之際以努力實證力行之，則將如前人所云是：「藉假修真」，色身雖言有限，但卻能依此身而成呈顯真如本性，如是則才不枉來人世走一遭。

念佛是為成佛以廣度眾生

「若諸有情當作佛，行超普賢登彼岸，是故博聞諸智士，應信我教如實言。如是妙法幸聽聞，應常念佛而生喜，受持廣度生死流，佛說此人真善友。」

佛法的法義內涵雖深具哲理，但佛法又確然並非只是一種哲學理論而已，要言之：佛法的終極目標並不在於理論的論辯與敷陳而已，其根本內涵是為人處世的行為準則，故不論各宗學派即或有不同所尊崇的法義內容，但一皆以戒律為根本大法，此則為各宗皆然如是。且在一切的行為依循上，除五戒、十善之外，更多以普賢十大願為大乘行者所當必行。佛門特以「十」代表圓滿之義，對於修學者而言，實然無有所謂的圓滿之界限，實因對於一位大乘行者而言，若有一眾生尚在無明煩惱中，則菩薩終將無有休息之時，即或一期的色身生命結束，但慧命的願力將再度引導而坦然入於人間以行持菩薩道，此始可謂是「真善友」。

念佛的重要性，對於一般人而言，或多難以理解之，然若能細思之：若能保有念佛的當下，則代表在那當下實然是心中有佛，此正所謂是「一念相應一念佛，念念相應念念佛」，如是之語實然有其深義。當念佛得至一心不亂時，則其心行自然能與佛相應，故其心行自當效法學習佛之所願與所行，以是，若真念佛者，其發心則將是欲以成佛而度眾生，此即是佛心，更是念佛的根本目標。

四十八、聞經獲益：小乘、大乘皆得益，普記十方、諸天讚供

聞法修習終必得益

「爾時世尊說此經法，天人世間有萬二千那由他億眾生，遠離塵垢，得法眼淨。二十億眾生，得阿那含果。六千八百比丘，諸漏已盡，心得解脫。」

為人的一生，是幸或不幸，其決定權終究在自身上。例如：當境界出現時，是依於佛聖的教導，亦或是隨順著自己的習氣而行，則其結果終將是有所差異。或可以肯定的是：種善因必得善果，種惡因必得惡果。惟對於因緣果論的修學若不能深入，則一般人終將只是看到眼前而已。如：好人不得好報，惡人卻富貴又長壽，以是，對於因緣果論則不願信之，甚且是懷疑之。

然如同經文所示：「得法眼淨，心得解脫。」所謂的法眼，就是正知正見，為人於佛法義，若不能具有正確的知見，則其所見終將僅限於自身的思想觀念而已。至此，則將更能體悟：釋尊於菩提樹下成道後，其之所以如是積極地到處講經說法利益眾生，無非就是要改變、提升世俗一般人的觀念。若以因緣果為論：因果既通於三世，故學人的眼光必將能觀得前世之因與後世之果，至此，一切的不平與不滿，

則將如是而化為煙雲。

已既成的思想觀念，若要想一朝即改變，實然並不容易，但只要修習的時間能持續且長久，並於身語意上的調整功夫得以精進，則所謂「今生必可成就」，實然是可被預期，學人於此，當不可氣餒或懷疑。

各方皆能受益的大乘精神

「四十億菩薩，於無上菩提住不退轉，以弘誓功德而自莊嚴。二十五億眾生，得不退忍。四萬億那由他百千眾生，於無上菩提未曾發意，今始初發，種諸善根願生極樂，見阿彌陀佛，皆當往生彼如來土，各於異方次第成佛，同名妙音如來。」

人的資質各有不同，無法僅使用一種方式即可適應所有的人，於是，如何依據不同之人而給予最為恰當的方法，無疑是教育者首先需先觀照的地方。然對於佛聖之學而言，其目的是在引發為人本具的清淨本心與本具的智慧德能，顯然，其並非重於外在知識的積累，故其教學方法不在於如何教導之，其重點在於能以身作則，簡言之，唯有自身能作出標竿榜樣，才能真實使旁人受益。

人類文明的發展，需仰賴歷代經驗、知識的傳承與積累，然經驗與知識或將隨著時空間的變動而有所不同，唯此中卻有其不變的真理存在，就是人與人、人與環境等關係的維持，亦可言：人與全體法界皆能安然自在，才是佛聖之道的目的。以是，當個人只為謀得自身的利益，而傷害到他人的利益，乃至家與家、國與國之間亦然如是，若無法彼此等視同為一體時，則禍害終將降臨至自身之上。尤其在現今的時代裡，人與萬物萬類，乃至與微生物之間的關係，彼此更形是緊密的共存關係，人類於此或將有更為深刻的感受。

❀ 十方皆可同往的淨土

「復有十方佛剎若現在生，及未來生，見阿彌陀佛者，各有八萬俱胝那由他人，得授記法忍，成無上菩提。彼諸有情，皆是阿彌陀佛宿願因緣，俱得往生極樂世界。」

依於經文所示，極樂國土是一來自四面八方的有情眾生共同求生之地，顯可得見：淨土就是全體共同心聲的示現之地。當人類的文明逐步在進程之中，同時亦隨著人類的意識更形增上時，人類所關注與在意的事項，顯然已絕非僅是人類的生存之道而已，此中，所需思慮與涵蓋的範圍，誠可謂是遍虛空法界皆然如是。

尤其當人類正面臨來自於各種人為因素所造成的物種消失，乃至氣候環境的變遷等，人類實然是無法能置身於事外的。當甚為微小的塑膠粒，已然在極地、高山上被發現時，於此，人類為自身方便所造成的環境共業，實然是無有一人可以免除的。

在整個地球上，人類僅是千萬物種之一而已，然人類的行為模式卻幾乎主宰著整體物種的命運。惟當人類對生態的過多介入，當人類自以為高明之際，或許眼前這一波席捲全世界的疫病，且當人類幾乎快束手無策之時，或許足令人類重新思考自我的定位。或許當人類減少一分對物質的欲求，或當人類更能尊重一切生命的尊嚴，或許人類可以先由改變飲食的習慣開始，此一小小的改變，將可為地球帶來無限的希望。

行事合宜感得天地祥瑞

「爾時三千大千世界六種震動，并現種種希有神變，放大光明，普照十方。復有諸天，於虛空中，作妙音樂，出隨喜聲。乃至色界諸天，悉皆得聞，歎未曾有，無量妙花紛紛而降。」

人類的各種族群雖有多元，但所有的人都期望有一幸福、快樂的生活，此乃全體皆然如是。所有的族群種類都喜歡歌唱、和樂、握手相擁等，同理，也都討厭仇恨與戰爭。當全世界能共同完成各種的國際會議乃至體育賽事等，此無疑是將全世界團結在一起，此乃是全世界所共同嚮往的。全體人類皆理應為國際和平而貢獻心力，亦唯有全世界皆能安然無恙，才有個人乃至各國之間的祥和。

每個族群皆有其特殊的慶典，或許慶典的內容各有不同，但為慶典所準備的過程，無疑就是對和樂氣氛的一種嚮往。顯然，所有的人都喜歡感受到人間的祥和與瑞兆，所有的人都期待著未來的新氣象、新希望，既然如此，則人類所理當致力之處，就是如何才能創造更為和平安康的世界，當如何避免不必要的衝突與爭端。一切萬事萬物，實然皆是在「無言說法」，學人若能細心體察：當與人接觸，或進入某一空間，實然皆能感受到不同的磁場與氣氛，顯然，善人自有善能量，惡人則有惡能量，尤當自心越是清淨之時，此中的感受亦將更形強烈。

國家圖書館出版品預行編目(CIP) 資料

淨土生活的示現 : 依於<<無量壽經>>/胡順萍著. -- 初版. -- 臺北市 : 元華文創股份有限公司, 2021.01

面 ; 公分

ISBN 978-957-711-199-9 (平裝)

1.方等部

221.34 109020239

淨土生活的示現——依於《無量壽經》

胡順萍 著

發 行 人：賴洋助
出 版 者：元華文創股份有限公司
聯絡地址：100 臺北市中正區重慶南路二段 51 號 5 樓
公司地址：新竹縣竹北市台元一街 8 號 5 樓之 7
電　　話：(02) 2351-1607
傳　　真：(02) 2351-1549
網　　址：www.eculture.com.tw
E-mail：service@eculture.com.tw
出版年月：2021 年 01 月 初版
定　　價：新臺幣 380 元

ISBN：978-957-711-199-9 (平裝)

總經銷：聯合發行股份有限公司
地 址：231 新北市新店區寶橋路 235 巷 6 弄 6 號 4F
電 話：(02)2917-8022　　傳 真：(02)2915-6275